Death of Batman

TORU ENDO

バットマンの死

ポスト9.11のアメリカ社会とスーパーヒーロー

TORU ENDO
遠藤徹

新評論

バットマンの死

The death of Batman

ポスト9・11のアメリカ社会とスーパーヒーロー

目次

第三章　敵はどこにいた（いる）のか？　103

バットマンの死

The death of Batman

ポスト9・11のアメリカ社会とスーパーヒーロー

Toru ENDO

遠藤 徹

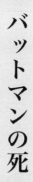

装幀——山田英春
編集・ＤＴＰ——片岡　力

プロローグ

恐怖の見世物

10

恐怖の見世物としてのテロリズム

観客がいなければ道化師《ジョーカー》に存在意義はない。

同様に、演劇や映画もまた観客がいなければ意味を失ってしまう。なぜなら、道化師、演劇、映画の三者に共通するのは、それらがすべて見せ物だということなのだから。観客を得ることで、初めてそれらは存在できるのだ。

とすれば、同じことが、テロリズムに関してもいえるのではないだろうか。なぜなら、テロリズムの第一の目的は破壊ではないからだ。破壊行為を通して、恐怖の見せ物(Spectacle of Terror)を演出することこそが、テロリズムにとってはもっとも重要な要素であるからだ。[1]

ショッピングモールで十二人を殺害した犯人は言った――「俺はジョーカーだ」

そんな恐怖の見せ物が、幾重にも輻輳《ふくそう》したかたちでその存在意義を主張したのは、二〇一二年七月の昼過ぎのことだった。ところはコロラド州オーロラにあるショッピングモールのなかにある映画館。折しも、クリストファー・ノーラン監督によるバットマン三部作の最終作『ダークナイト・ライジング』がプレミア上映されているさなかだった。ガスマスクを装着し、耐過重性ベスト、防弾ヘルメット、防弾脛当て、喉と鼠蹊《そけい》部のプロテクター、軍用手袋などで全身を防護した男が現れたとき、観客の多くはその男のことを特に意識することはなかった。ほかにも複数いたコスプレイヤーの一人、あるいはプレミア上映用の余興だとみなしただけだった。

けれどもその男は、突如煙を発する缶を投げた。その煙は単に目くらましというわけではなく、喉や肌にかゆみを引き起こし、目に炎症を起こすものだった。驚く観客に向けて男は映画内の銃撃場面にあわせて、レミントンのショットガンを発砲し、ついでスミス&ウエッソンのセミオートマチックを乱射、最後にはグロック22と呼ばれるハンドガンでさらに銃撃を続けた。

駆けつけた警察は、当初駐車場の車の近くにたたずむ男の姿を見て、警察官の一人と誤

1——Douglas Kellner, "9/11, Spectacle of Terror, and Media manipulation: A Critique of Jihadist and Bush Media Politics," *Logos* 2-1, Winter, 2003 は、9/11 のテロを「恐怖の見世物」として記述している。

認した。犯人とわかって取り押さえられたとき、男はおとなしく従った。そして、警官の問いに対し、

「俺はジョーカーだ」

と答えたのであった。ヘルメットをはずすと、男は髪の毛を赤みがかったオレンジ色に染めていた。最終的に死者十二名、負傷者五十八名を出す大事件となった。

「災害の想像力」を実現したノーランのバットマン三部作

スクリーンと現実の境目は破れ、恐怖の見せ物はここにおいて、何重もの意味を帯びた。なぜなら、そもそもその夜上映されていた映画が描いていた世界そのものが恐怖の見せ物だったからである。特殊効果、衝突する音楽と音響効果、そしてそこに描き出される社会的混乱。破壊装置は映画の中にだけ存在したのではなく、バットマン三部作そのものが破壊装置だった。それは、スーザン・ソンタグが「災害の想像力（The Imagination of Disaster）」と呼んだものをみごとなまでに実現していた。特に、その日上映されていた最終作では、災害の想像力はさらに苛烈さを増していた。あたかもこの世の終わりが迫って

いるかのごとく、危機に瀕し、崩壊へと突き進む社会が描き出されていた。[2]
それだけではない。まず思い出さねばならないからだ。その映画において悪としての役割を与えられていたのは、テロリストたちだったことを。テロリズムとは劇場型犯罪の究極形ともいえるものであり、テロリストとは現実的な暴力や破壊そのものよりも、それを人目を引く形でおこなうことによる劇場的な効果、すなわち市民たちへの恐怖の喚起こそを目的とする輩のことである。いってみれば、心理学の領域に属する者たちのことを指すのである。支配と威圧の方法として恐怖を体系的に利用する者がテロリストと呼ばれるのだから。[3]

しかも、後述するように、この三部作においてテロリストたちが演出した恐怖の見世物は、映画の中の民衆、すなわちゴッサム・シティの市民にだけ向けられたものではなかった。現実に起きた事件として、多くのアメリカ市民、さらには世界のテレビやインターネット視聴者が、恐怖の見世物として体験した9・11の記憶を、強烈に呼び覚ます効果を

2——Douglas Kellner, "Meida Spectacle and Domestic Terrorism:The case of the Batman/Joker Chinema massacre," *The Review of Education, Pedagogy, and Cultural Studies* 35:157-177, 2013, Routledge, pp.164-5.
3——Joshua C. Feblowitz, "The Hero We Create: 9/11 and the Reinvention of Batman," *Student Pulse: Online Student Academic Journal*, vol.1, No.12, 2009, Chapter 1 'That's the Power of Fear,' Terror and the New Supervillanin: Power of Fear.

持っていた。その意味では、この映画の演出する恐怖の見せ物は、確実にスクリーンの外部へと向けられていたのである。

「コウモリの表象を身に帯びた人物」はテロリズムの心理効果を援用する

このことは、恐怖とその克服が、この三部作に潜在する主題となっていることと強く響きあう。その恐怖と直面するのが、「コウモリの表象を身に帯びた人物」であった。このコウモリを表象するコスチュームに身をつつむ男は、悪としての役割を与えられたテロリストたちと戦う。けれども、この男をバットマンと呼ぶべきなのかどうかは、躊躇されるところだ。確かに、第一作では彼はバットマンとなった。けれども、第二作以降はダークナイトの名で呼ばれることになる。そのうえ、映画のタイトルとなっているダークナイトが果たして本当に彼のことを指しているのかどうかすら、次第に定かではなくなってくる。だから、正確を期そうとすればするほど「コウモリの表象を身に帯びた人物」と呼ぶしかないように思われてくるのである。

では、このコウモリの表象とはなんだろう？　なぜこの男は真っ黒でおどろおどろしい仮面と衣装に身をつつんで戦うのだろうか？　端的にいってコウモリは、鳥類とも哺乳類ともつかない曖昧な領域に属する生物である。しかも夜行性であり、なかには吸血性のものすらいる。そんな属性からだろうか、この生物は、常に禍々《まがまが》しさ、悪、あるいは恐怖と結びつけられて映画や文学に登場してきたのではなかっただろうか。魔女の、悪魔の、吸血鬼の使い魔、あるいは化身として機能してきたのではなかっただろうか。そう、むしろコウモリとは、悪の側に属し、恐怖をもたらすもの、恐怖の見せ物の一端を担う隠喩だったのだ。

それなのに、正義の役を割り振られているはずの男がなぜ、悪と恐怖のシンボルを身に帯びているのだろうか？

その答えは、これまでの文脈からたやすく推測することができる。すなわち、彼もまた恐怖の見せ物を演出しているということである。ただし、その恐怖の見せ物の観客として措定されているのは映画をながめている観客ではなく、映画のなかの敵役なのである。敵である犯罪者たちが社会に対して見せびらかした恐怖の見せ物を、このコウモリの扮装をした男は逆に浴びせ返すのだ。具体的には、第一作ではスケアクロウに、彼が作り出した恐怖を引き起こすガスを浴びせ返した。第二作では、ジョーカーの誰でも簡単に堕落させることができるという信念を否定することで屈辱を与えようとし、第三作では、ベインのマスクを破壊して、抑圧してきた痛みと直面させた。[4]

この仮面が敵に恐怖を引き起こす力をもつのは、アリゾナ大学で哲学を講じているクリストファー・M・ドロハンによれば、それがバットマン自身の内なる恐怖を外在化したものだからである。仮面、バットスーツ、バットカー、バットシグナルなどは、内なる恐怖を外部のものへと変形した、芸術的、あるいは治療的な創造行為と見なすべきだという。自分のなかの恐怖と同盟を結ぶことで、バットマンは自分のなかの恐怖を敵に移し替えることを可能にしたというわけである。さらにいえば、それは犯罪者たちに彼らが演出したはずの恐怖を映し返し、暴力的なトラウマを跳ね返す鏡として機能しているともいえるだろう。[5]

このことを逆に考えると、コウモリの表象を身に帯びたこの男もまた、テロリズムの心理効果を戦いに援用するテロリストの一種だということになる。つまり、この三部作は映画そのものの視覚効果が恐怖の見せ物であるだけでなく、その恐怖の見せ物は、映画に登場するテロリストたちが演出したものであると同時に、そのテロリストたちを迎え撃つコウモリの扮装をした男が演出するものでもあるという複雑な構造をもつことになる。いってみれば、恐怖の見せ物が何重にも自己言及を繰り返すという構造がみられるということになるだろう。

恐怖の見世物はスクリーンを越え出て現実のなかで反復されてしまった

とはいえ、それだけであれば、興味深い見せ物として観客や映画史の記憶にとどめられる程度ですんだ、つまり「映画」という枠組みを越えずにすんだはずだった。けれども、二〇一二年七月のコロラド州オーロラにあった映画館で、第二作に登場する「道化師《ジョーカー》」に自らをなぞらえた二十四歳の男が、さらに「もうひとつの演出」を付け加えた。これによって、恐怖の見せ物は映画のスクリーンを越え出て、現実のなかでさらに反復される、あるいは自己言及を繰り返して見せることになったのであった。スクリーンから出てくる「貞子」のように、この映画は現実世界を侵食したのである。

「もうひとつの演出」と書いたのには、当然のことながら理由がある。

4——Brent Holmes, "Why They Wear Mask: The Mouthpiece of Nolan's Batman Trilogy," *Kino: The Western University Undergraduate Journal of Film Studies*, vol.4-1, 2013. p.3.

5——Christopher M. Drohan, "The Dark Knight of Faith: Batman and Kierkegaard," in *Batman and Philosophy: The Dark Knight of the Soul*, The Blackwell Philosophy and Pop Culture Series, Mark D. White & Robert Arp, lines, 2915-18.

なぜなら、この犯人はただ無意味にあるいは衝動的に無辜《むこ》の観客を銃撃したのではなかったからだ。彼は、入念にシナリオを描き、自分自身をこの三部作をなす映画の一部として登場させることを画策し、それに成功したのだから。三部作の最終作に、第二作の登場人物であったジョーカーとして乱入することによって、犯人のジェームズ・ホームズは、（第二作の登場人物が第三作に乱入するというメタな演出によって、この三部作の連続性を示すと同時に）映画の「劇場」を自らの舞台とし、まさに恐怖の見せ物、あるいはテロリズム的な恐怖の喚起にまんまと成功してしまったのである。

家宅捜索をしたところ、ホームズの部屋の扉には仕掛けが施されていたことが明らかになった。不用意に扉を開けると爆発物が起爆して警官たちを殺害するよう設定されていたのである。まさに、周到なシナリオであり、犯人であるホームズの恐怖の見せ物化への強烈な意志の徹底ぶりがそこには露わだったといえるのではないだろうか。

犯人が、大学院の医学部のＰｈｄ（博士）候補生だったこと。この年に入って神経衰弱を患い、脱落していたこと。あるいは、武装した二人の高校生によるコロンバイン高校での銃撃事件以後、頻発していた学校やショッピングモールでの無差別銃撃事件の一部として位置づけられることが多いこと。さらには、このような銃撃事件の背景には、いわゆるタフガイズ（Tough Guise＝タフガイのふり）を要請される男性性の危機があること。メディア・カルチャー、銃文化、ギャング文化、スポーツ、軍事文化が超マッチョな男性を理想化し、そのことが女性への暴力からギャングによる殺戮《さつりく》に至る社会問題を生み出していること。さらに社会経済的な可能性の悪化が引き金となり、追いつめられた男性たちが、一気に超男性性を獲得する逆転の手段として銃にすがるに至る、という分析があること。犯人のホームズは所有していた武器のほとんどをインターネット経由で手に入れていた。それが可能なほど、テロリズムが簡単に実現できる社会が背後にあること[6]——しかしこれらのことは、少なくともいまこの文脈では重要ではない。

むしろ、ここで強調しておきたいのは、クリストファー・ノーランによるこの三部作が恐怖の見せ物化という主題を、かつてどの映画もなしえなかったところまで徹底して実現／実演してしまったという事実である。

いずれにせよ、問わねばならないだろう。この映画が、恐怖の見せ物として問いかけようとしていたことは何だったのだろうか、と。

6——Douglas Kellner, "Meida Spectacle and Domestic Terrorsm," op.cit., pp.157-8, 170.

第一章
自己言及するスーパーヒーロー

22 映画の機能

ここでひとつ奇妙な事実を指摘しておく必要があるだろう。映画の中にも、登場人物のコピーが登場するということである。すなわち、バットマンのエピゴーネンたちである。バットマンはメディア・イベントを主催する。すなわち警察に頼ることなく自ら正義を執行する行為である自警主義を見世物として演出する。それゆえに、これを模倣する者たちが現れるというわけである。つまり、バットマン映画が喚起するのは、バットマンその人になりたいという欲望であるはずだった。

ところが、現実に映画館に現れたコピーキャット（模倣犯）は、バットマンのそれではなく、その敵役であったジョーカーのそれであった。この事実をどう考えるべきだろうか。ここには、映画がもつ機能の重要なひとつの側面が浮き彫りになっているように思われる。

そもそも、映画は一般的には「安全な」娯楽ととらえられており、都会的で、産業的で、明らかに利益優先の社会構造を維持することに寄与するものと考えられている。さらにいえば、過酷な現実からの空想的逃避の場こそが映画だと考えられている。

実際、映画は左翼系の論客であったアーヴィング・ハウがいうように、「合成的でとつつきやすい、大勢の観客のための産物」としての大衆文化と規定されている。消費者は受容的存在であると想定されており、彼らの「産業的生活の基本パターン」をかき乱したり、変えたり、破壊したりしないものとされていた。[7]

一方で、法学者のローレンス・M・フリードマンがいうように、普遍的でとっつきやすいポピュラーカルチャーとしての映画は、社会の規範について何かを告げたり、意見形成をする力をもつともみなされてきた。特にハリウッド映画は、同時代の社会史について論評するだけでなく、実際にそれに参加し、アメリカ的なイデオロギーを世界に広める媒体であるとも考えられてきた。[8]

それゆえ、9・11直後にブッシュ大統領の上級諮問官であったカール・ローヴェは、実際にハリウッドの重役と会い、ハリウッドから戦争とテロについてのメッセージを発信することで、政府を守ることを考えていたとされている。これらは、映画が受動的メディアであることを前提としての発想であった。

7——Elisavet Ioannidou, "Adapting Superhero Comics for the Big Screen: Subculture for the Masses," *Adaptation Advance Access*, April 26, 2013, Oxford U.P., p.3; Richard J. Gray ed, *The 21st Century Superhero: Essays on Gender, Genre and Globalization in Film*, Betty Kaklamanidou, pp.72-5.

8——John Ip, "The Dark Knight's War on Terrorism," *Ohio State Journal of Cinema & Law*, vol 9-1, p.210.

これに対し、映画が観客に能動性を喚起することもありうるという指摘もなされている。たとえばジョン・イップは、『ドクター・フー』の例を挙げ、観客は浮遊する断片的情報を集め、結びつけて、「一貫性があり満足できる全体」へとまとめあげるために、「さまざまなシリーズに積極的に関わり」、好きなシリーズの「新しいレベルへの洞察」へと導かれるということが起こりうると述べている。

クリストファー・ノーランのバットマン三部作は、そもそもはコミックであったものを、映画へと翻案したものである。さらにいえば、すでにそれらのコミックスを元に映画化された過去の作品をも意識しつつ、まったく新たな翻案を試みたものだともいえる。ハリウッド映画である以上、その翻案は、観客の期待と市場性を意識してなされたであろうことは疑いようがないが、一方で、映画というメディアの特殊性に適合させるための「創造的解釈と重ね書き的な間テクスト性」が前提とされていることもまた疑問の余地がない。文学作品の映像化に関しては、よく「視覚的」刺激によって文学作品の受容において可能となる想像力を、「(永遠に) 植民地化」してしまうと批判されることがある。[9] しかし、この作品に関しては、ことはその逆だったのではないだろうか。翻案の「創造的解釈」と「間テクスト性」を巧みに活用することで、まったく新しい映画を作り上げることに成功したのだとはいえないだろうか。

それは、決して「主人公バットマン」への感情移入、あるいは「主人公バットマン」の際立った見世物化を中心としたものではない。敵とされるキャラクターにもそれと等価な、あるいは見方によってはバットマン以上に際立った見世物性を帯びさせることに成功した。そういう意味においての成功である。つまり、一つの意味に収束しない、一つのイメージに収束しない、実に演劇的なテクストを演出することに成功した。それゆえに、通常はバットマンのそれとして現れるはずのコピーキャットが、まったく別のジョーカーとして出現した。同時に、実際に映画を観た者であれば、そのことが確かにありうることだと首肯できるだけの魅力を、それらの敵役が帯びていたこともまた事実なのである。

ノーランの新機軸

それでは、監督であるクリストファー・ノーランは、いかにして、そのような「創造的解釈」と「間テクスト性」を帯びた映像を作り上げたのだろうか。あるいは、伝統的に無

9——Elisavet Ioannidou, "Adapting Superhero Comics for the Big Screen: Subculture for the Masses," op.cit., pp.2-4.

批判に見ることが前提とされていた消耗品としての大作映画《ブロックバスター》であるにもかかわらず、観客にかなりの程度の意識の高さを要求することはいかにして可能になったのだろうか。ノーランの作品の新機軸とは何だったのか。それを以下に少し具体的に見ておくことにしたい。

まず映画の間テクスト性について考えてみよう。キングストン大学の映画研究者ウィル・ブルッカーは、過去六十有余年のバットマンテクストのすべてが「バットマン・メタテクストに滋養を与え、その集合的神話が登場人物を全体として構築している」と述べている[10]。つまりバットマンとは、これまでもすでに幾重にも重ね書きされてきた文化的神話だったのであり、間テクスト性の重層的な織物だった。ノーランの映画はそこにさらに新たな間テクスト性を付け加えたとみなすべきなのである。逆にいえば、これまでの文化的神話の集積があったがゆえに、新たな解釈の新鮮さが際立ちもしたということになるだろう。

間テクスト性ということでもっとも重要なのは、ノーランのものがコミックスに忠実な脚色を試みていたという点である。一九三〇年代から連綿と作られてきた『フランケンシュタイン』映画に対して、ケネス・ブラナーによるメアリ・シェリーの原作に忠実たろうとした一九九四年の作品がもった意味、同様にあまたの『ドラキュラ』ものに対して、ブラム・ストーカーの原作に忠実たろうとしたコッポラの一九九二年の作品がもった意味を考えてみるとよいだろう。原作に忠実でありつつ、それをみごとに脚色したことで、この映画は確実にコミックを映画化する際のハードルをあげたのであった。[11]

三部作が成功したもう一つの理由は、始まり、すなわち『ビギンズ』から始めたということであった。ノーランの三部作は、バットマン物語の始まり、中間、そして終わりを提供することでひとつの完成した物語空間を作った。バットマンの映画は、一九四三年の『バットマン』を皮切りとし、テレビシリーズも実写版・アニメ版ともに一九六〇年代から連綿と作り続けられている。だから、ティム・バートン監督版の映画（一九八九年の『バットマン』および九二年の『バットマン リターンズ』）やジョエル・シュマッカー監督版の映画（一九九五年の『バットマン フォーエヴァー』および九七年の『バットマン&ロビン Mr.フリーズの逆襲』）では、映画の始まる時点ですでに「自明のもの」「統合された存在」としてバットマ

10——Jilian Gilmer, "The Masked Menace: Ideology, "Unbecoming", and the Emergence of the Id Monster in Christopher Nolan's Dark Knight Triligy," Dept. of English, University of Colorado at Boulder, Defended on April 3, 2013, p.10.

11——Joshua C. Feblowitz, "The Hero We Create: 9/11 and the Reinvention of Batman," Student Pulse: Online Student Academic Journal, vol.1, No.12, 2009, Chapter 1 'That's the Power of Fear,' Terror and the New Supervillanin: Power of Fear.

ンは存在していたことになっている。つまり、過去のテクストからすでに視聴者がある程度の知識をもっていることを前提として、物語が進行したのである。それはいってみれば、過去の物語の集積への依存の上で初めて、物語が可能になっていたということを意味している。それに対し、ノーランの作品では、登場人物を、いわば「物語の零度」からもう一度語り直すことが可能となった。なにしろ、『ビギンズ』なのだから。いかにしてバットマンが誕生したのかから説明したことで、三部作の内部ですべてを説明しきることを可能にしたのだ。つまり、ノーランは自分だけのバットマンをその始まりから終わりまで語りきる場を設定することに成功したということになる。

原作に忠実ということから、悪役もまた過去のそれを登場させているのだが、ここでもノーランは独自の洞察を付け加えることを忘れていない。起源が、それゆえに動機が明確だった過去のジョーカーを、なにもかもが謎に包まれた新たな敵として再創造し、『バットマン＆ロビン』では、ただの筋肉バカだったベインを、深い知性と（秘められた感情と）身体能力を併せもつ魅力的な人物として再創造してみせた。[12] トゥーフェイスやラーズ・アル・グールについても同様であった。

このように、過去のテクストを引用しつつそれを巧みに作り替えたことが、この映画の成功の第一の要因であったことは疑いようがないだろう。

しかしながら、さらに重要だったのは、そのような間テクスト的物語を、その時代のアメリカのもっともビビッドなトラウマと結びつける創造的解釈をおこなった点である。

すなわち、ノーランのバットマン三部作は、二〇〇一年に起こった9・11の創造的解釈を試みた作品として見るべきなのだ。MIT出身の科学ライターであるジョシュア・フェブロヴィッツが、ネバダ大学のアン・ケニストンとハーバード大学のジャンヌ・フォランスビーという二人の文学研究者の編による『9・11後の文学』(*"Literature after 9/11"*, Routledge, 2008) に依拠しつつ述べているように、現実と想像されたもの、映像と比喩、記憶の私的領域と公的領域の間には隙間がある。この隙間ゆえに、これら両者が相互に干渉しあうことが可能になる。つまり事実と解釈、テロによる実際のトラウマとその結果として起こってくる象徴的解釈との間には、深く、意味深い相互作用が起こる可能性があるということである。もっとわかりやすくいえば、歴史的出来事が創造的作品に影響を与えるだけでなく、創造的作品が歴史的出来事の認知や解釈に影響を与えることも可能だとい

12——Elisavet Ioannidou, "Adapting Superhero Comics for the Big Screen: Subculture for the Masses," op.cit., 7.

うことである。たとえば、『グッド・モーニング・ベトナム』『ディア・ハンター』から、『ジェイコブズ・ラダー』『地獄の黙示録』『プラトーン』に至る、ベトナム戦争を主題としたおびただしい映画の群れ、あるいはJFKを主題とした映画について考えてみればいいだろう。そこには、アメリカ社会がベトナム戦争やケネディ暗殺という苦い体験を、了解可能な形に解釈し直そうとする痛々しいほどの努力の跡が見てとれるのではないだろうか。同様に、ノーランは9・11という歴史的事実の新たな解釈としての文化的神話を、この作品を通して提供しようとしたということができる。[13]

付言するならば、その語り口もまた重要だった。ざらついた映像、哲学的で、非線形的な彼の語り口は、バットマン映画に最適のものであった。

状況主義、及びその限界の可視化

aliteracyという言葉がある。日本語訳は「活字離れ」、つまり字を読むことができるのに、本や新聞を読もうとしない現象を指している。その背後には、活字よりも注意を引きつけるもの、関心をより容易に惹くものが存在することが想像される。それは、ある種の誘惑であり、さらにいえば快楽である。

では、その誘惑や快楽をもたらすものは何か？　答えはいろいろ考えられるだろう。ゲーム機だとか、スマホだとか、パソコンだとか、テレビだとか、映画だとか、カラオケだとか、そういった娯楽である。これらに共通するものは何かといえば、それが映像と密接につながっているということである。最後のカラオケはなぜと思われるかもしれないが、カラオケに行ってぼくたちが何を見ながら歌うのかを考えれば、答えは明白だろう。画面の歌詞だけでなく、そこに映し出される映像が実は、カラオケ体験の大きな部分を構成しているのは事実ではないだろうか。

ことほどさように、僕たちは活字よりも「映像」に魅せられ、惹きつけられ、極端にいえば呑みこまれて暮らしている。こうした状況を、アメリカの文化批評家マーク・デリー（Mark Dery）は、幻想資本主義（fantasmagolic capitalism）と呼んでいる。幻想資本主義社会においては、従来の産業的生産の速度は遅くなり、代わって触れることのできない商品が作られるようになる。それがブロックバスター映画であり、テレビドラマであり、キャッチフレーズであり、ＣＭであり、流行語であり、一過性の流行であり、光ファ

13——Joshua C. Feblowitz, "The Hero We Create: 9/11 and the Reinvention of Batman," op.cit., Trauma & the Superhero.

イバーを通して瞬時におこなわれる株取引であるという。[14]「読む」ことから、「見る」「観る」ことへと文化の中心が確実に移行しているのである（さらにいえば、近年のスマホ、タブレット、ＰＣ画面までも含めて、僕たちは映像に「触れる」ことすらし始めている。指先で文字を入力し、指先で画面を操作する。身体と映像とが日常的に直接に接触し始めている）。

映像が世界にあふれかえっている。僕たちは映像の海を泳いでいるともいえる。けれども、それらの映像は無邪気な娯楽ではない。その映像の背後にはつねに何らかの「意図」が潜在しているからだ。

たとえば、映画は「娯楽」だと思われている。けれども、ハリウッド映画にありがちなハッピーエンディングの物語ばかり観ていると、どうなるだろう？　確かにそれはストレス発散にはよいかもしれないが、そういうものばかりを観続けると、そういうものが映画だという刷り込みがなされてしまい、それ以外のものを受け付けなくなってしまう。そうした観客の要請が、さらに物語の単一化を促す結果となる。それは、物語による想像力の抑圧であり、制限であり、矮小化である。かくして「楽しむ」ことで観客は素直に不満を解消するようになり、社会への反抗の目はあらかじめ摘み取られることになる。それはまさにオルダス・ハクスリーの描いた『すばらしい新世界』そのものではないだろうか。

ＣＭも同じである。「いまのあなたに欠けているものはこれだ。これを補えば完璧になれる」と誘いかけて、商品の購入へと誘うシステムがCMなのだから。そして、テレビの報道に関して、マーク・デリーは湾岸戦争時に、ペンタゴンがPR会社ヒル&ノウルトンを介しておこなったことを例としてあげている。

若いイラク人女性が、イラク兵が保育器のなかから赤ん坊を取り出して床に投げ捨てて死に至らしめたと告白した。その映像はアメリカ国内における戦争支援の気運作りに貢献した。けれども、それが事実であったかどうかの検証は一切なされなかった。さらには、そのイラク人女性というのは、実際には合衆国に滞在中のクウェート大使の娘であったことも伏せられていたというものである。[15]

映画によるイデオロギー的支配、CMによる経済的支配、そしてテレビの情報操作による政治的支配。つまり、映像は支配の道具たりうるし、いまは十分にそういうものとして機能しているということがわかるだろう。

そして、映像に惹きつけられ、呑み込まれた国民は「活字離れ」してしまっているから、

14——Mark Dery, Culture Jamming: Hacking, Slashing, and Sniping in the Empire of Signs, 1993, 2010. http://markdery.com/?page_id=154.

15——ナイラ証言として有名なもの。たとえば、一九九二年一月十五日付の記事において、「ニューヨークタイムズ(オンライン版)」で、この出来事への批判がなされているのを確認することができる。NYTimes“Deception on Capital Hill; www.nytimes.com/1992/01/15/opinion/deception-on-capital-hill.html

活字によってそうした事態について警告を発しても誰も読まない。かくして、支配の円環は映像によって見事に閉じられるというわけである。

こうした事態が訪れる可能性に対して、六〇年代という早い時期に警鐘を鳴らしていたのが状況主義（Situationism）という運動であり、フランスの大学生たちによる一九六八年の五月革命にこの運動は大きな影響を与えた。特に映像メディアの影響について述べた名著とされるのが、ギー・ドゥボール（Guy Debord）による『スペクタクルの社会』であった。

ドゥボールは、戦後の消費社会においては、抑圧の領域は旧来のマルクス主義が着目していた生産の領域ではなく、消費の場にあると述べた。「見世物《スペクタクル》」しか見えない社会が、それだというのである。彼らはそれへの抵抗の手段として、映像を破壊すること、あるいは転用あるいは偏向すること（detournement）を提唱した。それは「審美的なハイジャック（aesthetic hijacking）」「創造的横領（creative appropriation）」などと呼ばれた。[16]

ジェームス・ペンナー（James Penner）がその例として挙げているものの一つに、ジョン・ウオーターズ（John Waters）監督の二〇〇〇年の映画『セシル・B（Cecil B Demented）』のオープニングシーンがある。「シネマ・テロリスト」を自称する若者たちが、映画祭に乱入し、ハリウッド女優（メラニー・グリフィス）を誘拐して、自分たちの革命的なアングラ映画に主演することを強要するというものである。さらに、この誘拐シーンもフィルムに収めてばらまかれる。それによって、ハリウッドの映像再生産システムを転覆し、「正統な」草の根バージョンに置き換えるという左翼的幻想が描かれている。[17]

けれども、こうした革命的身振りは「つねにすでに（always already）」であるとも、ペンナーは述べている。つまり、「見世物《スペクタクル》」には最初から、フランスのマルクス主義哲学者ルイ・アルチュセールが言うところの「再我有化（reappropriation）」の力が潜在しているというのである。せっかく革命的内容のある映像が作られても、それが別の文脈でリサイクルされてしまうと、即座にその意味は中立化されてしまう、ということである。「革命的テロリストの革命的身振りは、反革命的な物語によって再我有化され、再偏向され、国

16——James Penner, “Spectacular Disruptions: Situationism and the Terrorist Censure in Howard Brenton’s Skin Flicker and Magnificence” in *SPECTATOR*, vol 21-2, spring 2001, p.70.

17——Ibid., p.68. もっと卑近な例を挙げるならば、一九八三年十二月一日にフジテレビの『笑っていいとも』の友達の輪のコーナーで、ゲストが出演する前に観客の一般男性がステージに上がり、タモリの隣に座った事件を思い起こしていただきたい。結局彼は発言することなくスタッフによって取り押さえられてしまったわけだが、有名人同士による遠い世界での（どうでもいいような）会話を垂れ流すという「見世物」によって、国民をリラックスさせていた（弛緩させていたともいえるかもしれない）番組に、それとは対極のなんともいえない「不安定感」「緊張感」をみなぎらせた。この点において、この事件はメディア支配に対する立派な「審美的ハイジャック」であったといえる。

家の権威と現状の政治体制を強化するものとなる」[18]。

結局そうなると、「見世物《スペクタクル》」による支配は閉じた円環であって、そこから抜け出すことは不可能であるように感じられる。結局どんなに過激な「転用」をしても「偏向」をしても、再文脈化によってその過激さは打ち消され、逆に支配の強化に利用されるだけだということになるからだ。こうした状況に対して、マーク・デリーは、ウンベルト・エーコの「メッセージの受け手は、残余的自由をもっているように見える」という言葉を引用している。つまり、それは与えられた「見世物《スペクタクル》」を、送り手が意図したものとは別のものとして読み替える自由ということである。「文字離れ」をしてしまった我々がもちうる最後の抵抗のよすがは、映像に対するリテラシーをもつことだということになる。

その意味で、クリストファー・ノーランの三部作は、過去の物語の集積の読み直し、それに基づく語り直しによる再構築、さらにはそれを9・11の記憶あるいはトラウマと結びつけるという創造的解釈によって、スーパーヒーローものという「見世物《スペクタクル》」に抵抗したのだということもできるように思う。しかも、その抵抗そのものが「見世物《スペクタクル》」の典型としてのブロックバスター映画であったという点に、さらなるメタテクスト性、あるいは自己言及を見ることもできるだろう。状況主義的抵抗の限界そのものを見世物にするという離れ業をやってのけたのだ、ということもできるのではないだろうか。

演劇性：不確かな世界像の演出

そして、もうひとつここまでの文章で意図的に主題化してきたもう一つの要素について考えておく必要があるだろう。演劇性、すなわち「演じる」という意識についてである。いうまでもなく、映画は「作り物」であり、すべてが「振り」であり演じられたものである。そのことをいかに意識させないかということが、映画の「技」なのだといってもいい。むろん、その映画の映画性、演劇性を逆に浮かび上がらせようとする映画もまた長い系譜をもっている。しかし、少なくともハリウッドのメジャーな映画、ブロックバスターを目指す映画、そして実際にそれを実現してしまった映画が、そのような方策をとったことはほとんどなかったのではないだろうか。

ところがこの映画は、説得力のある演技を見せつつ、それが演劇的な作り物であること

18——Ibid., p.79. 上記の「笑っていいとも」の事件も、YouTube で「笑っていいとも放送事故」として流されることによって、当初その出来事がリアルタイムであったときにはらんでいた「不安定感」や「緊張感」はそぎ落とされる。あるいは、そうした気配自体が、新たな笑いのネタとなってしまうことによって、そもそもこの出来事がはらんでいた危うさが、「笑っていいとも」という番組のある種の「伝説化」に貢献する一エピソードに格下げされてしまうことになる。

も露わにするという、ある意味不可能とも考え得るその二つのことの両立を軽々と成し遂げている。

実は、9・11以降のスーパーヒーローものにおいては、この「演じる」意識は極めて明確に示されている。たとえば、サム・ライミ監督による『スパイダーマン』(二〇〇二年)では、主人公ピーター・パーカーが、「自らのアイデンティティを構築する」瞬間が描かれる。蜘蛛に噛まれて特殊な能力を得たピーターは、『ジ・アメイジング・スパイダーマン(The Amazing Spider-Man)』というコミックブックから破り取ったページを元に、自分のコスチュームを作り上げるのだから。つまり、ピーターはスパイダーマンとしての自分に目覚めたわけではなく、スパイダーマンを演じることを決意したということである。「わたしがアイアンマンだ」と自慢げに暴露してしまう『アイアンマン』(二〇〇八年)のトニー・スタークにしてもしかり。あの場面は、スーパーヒーローをスーパーヒーローたらしめてきた「正体の秘匿」という大前提が破られた瞬間であると同時に、スーパーヒーローが演じられたものにすぎないことがあからさまにされた決定的な瞬間でもあったといえる(『アイアンマン』(二〇〇八年))。さらに、インターネットで購入したスキューバスーツとハイキングブーツでショボい「変身」を図る『キック・アス』(二〇一〇年)は、スーパーヒーローの演技性をもっともあからさまにパロディしていた。

バットマン三部作の主人公、ブルース・ウェインは、財閥の長であるから、身にまとうものも一流品である。すなわち、彼の装具はハイテクを駆使した超高級品ばかりなのである。とはいえ、それらはあくまで「衣装《コスチューム》」なのであり、バットマンは明らかにコウモリ男を演じているのである。そして、このようなある種滑稽ですらある衣装を身につける動機もまた、映画の中で示されている。

『ビギンズ』で示されるように、親の死のトラウマから抜け出せず放浪の旅を続けていたウェインに、暗殺者としての技術を体得させたのは、アンリ・デュカールという人物である。彼が所属していた「影の軍団」というのが、後にバットマンの敵となるわけだが、当初は彼もこの組織の一員となるべく訓練を受けたのであった。

その軍団のもつ技術の基本的側面は「演劇性と欺き」だとデュカールはウェインに教える。善悪二元論的な世界観の映画においては、敵の心に実物以上の存在感を与えるために「演劇性と欺き」は欠かせないのだともいえる。世界を舞台として上演される演目として、バットマンは登場するのである。その意味では、バットマンは常に自分が演じているということを知っている。バットマンの仮面が、口元だけ覆っておらず、ウェインの口を露わにしている理由はそこに求められるべきだろう。つまり、バットマンはバットマンである間も、常に部分的にはウェインの意識を残したままであるということ。自分がバットマンという役を演じているということを、二次的な観察者として見ているということを意味している。

さきほどピーター・パーカーが、『ジ・アメイジング・スパイダーマン』というコミックを元にスパイダーマンの衣装を自らデザインしたということを述べた。つまり、それはコミックスとは異なり、その時点でのピーターは善でも悪でもなかったということを示している。彼は大学生のピーター・パーカーであり、蜘蛛に噛まれて特殊な身体能力を帯び、その能力をコミックスのスパイダーマンに似せた衣装に包むことにしただけである。そこに善悪の判断はまったく介在していない。

実際、9・11以後のスーパーヒーローものに特徴的なのは、善悪の境目の曖昧さであり、ピーター／スパイダーマンの敵も、決して絶対的な悪ではなく、状況的であり、文脈依存的な悪にすぎない。ドイツの英文学研究者であるヨハネス・シュレーゲル（Johannes Schlegel）と、ベルリン経済法科大学の教授であるフランク・ハバーマン（Frank Habermann）は、ニコラス・ルーマンの二次的サイバネティクスの理論に依拠しつつ、こうした善悪の相対性あるいは文脈依存性を、「生産と消費の同時的過程」と呼んでいる。たとえば、ピーターの叔母であるメイが、聖書を読んでいるときにゴブリンの出現を目《ま》の当たりにする場面がある。とっさに、メイ叔母は彼を「邪悪なもの（Evil）」と呼ぶが、これはたぶんに状況依存的な判断であることは明白であり、ゴブリンそのものが本質的に「邪悪」であることの証明とはなりえない。これが文脈依存的な邪悪なものの「生産」という意味であり、それが映像として観客に見られることが「消費」ということになる。つまり演劇性とは、観客の前で演じられた＝生産された出来事が、同時的に消費される過程のことを指すのであり、そのような演劇性の要素が、ポスト9・11のスーパーヒーローものには顕著だということである。

同様に彼らは、バットマンもまた確固たる自信あるいはアイデンティティを欠いているという意味において「浮遊するシニフィアン」であるという。なぜならバットマンは常に悩んでいるからだ。自分がやっていることが正しいのかどうなのかすら、もはや彼にはわからなくなっているかのように見える。あるいは自分が正しいことをなそうとしているのかどうかすら、わからなくなっているといってもいいのかもしれない。実際、恋人とライバルが別々の場所で殺されそうになった場面で、彼はためらいなく恋人を救いに向かうのだから。それはいかなる意味でももはや正義の行為ではない。しかも、そのような判断をすることとすら、あらかじめジョーカーには読まれており、恋人とライバルの所在地はあべこべに告げられている。

つまり、この場面では、脚本家あるいは演出家はジョーカーとなり、バットマンはもはや物語の主導権すら奪われ、作者に操られる役者の一人にまでおとしめられていることになる。つまり、バットマンの根源的な存在論的開示性、つまりバットマンとは何者なのかという問いへの答えは、曖昧なままに保たれ続けるのである。彼がダークナイトと化す『ダークナイト』のラストで初めて、彼の帰属、あるいは彼の固定的な意味（シニフィエ）が明らかにされることになる。もはや正義の味方ではなく、社会の敵として認知されるダークナイトへの移行もまた、バットマンがそもそも「善」として認知されておらず、「悪」としての側面を当初からはらんでいたが故に、すんなりとなされるのである。

そして、シュレーゲルとハバーマンがもっとも演劇的な人物として名指しするのがジョーカーである。ジョーカーは、自分の演出を演出としてさらけ出しているのであり、ジャック・デリダの言葉を借りれば「一種のジョーカー、浮遊するシニフィアン、ワイルドカード、戯れを戯れに変える者」だということになる。[19] そして、このジョーカーは、二〇一二年に現実界に復活する。ジェームズ・ホームズという生身の人間を使って、自分の演出を現実世界でまで実演することになる。ジョーカーが本当は誰だったのかを、さらに曖昧にする結果を伴いながら。

つまり、ポスト9・11のスーパーヒーローたちは、常に自分が何をしているのかを意識している。あるいは自分が何者であるのかを考えてから行動し、そのように行動できたのかどうかを常に自己反省している。絶えざる自己参照、自己反省の繰り返し。これは、俗に「自己言及」と呼ばれる現象である。ある意味で自意識過剰な、自己から逃れられない登場人物たち。「わたしがアイアンマンだ」というトニー・スタークの言辞に象徴的な特徴が、ノーランの映画にも、顕著に見られることは重要な点である。

明らかな悪を、迷いのない善としてのスーパーヒーローが退治する。そんな構図はもはやどこにもなくなってしまった。それ自体が善なのか悪なのかも定かならず、それに対するアメリカの対応（あるいはそれを引き起こしたアメリカの行為）もまた善とも悪とも断じがたい9・11という事件の、それはあからさまな後遺症だといっていいのかもしれない。爾後《じご》に作られる物語には、迷える、不確かなヒーローと、相対的な善と悪だけが残されたのである。

19——Johannes Schlegel & Frank Habermann, "'You Took My Advicce About Theatricality a Bit... Literally': Theatricality and Cybernetics of Good and Evil in Batman Begins, Dark Knight, Spiderman, and X-Men," in Richard J. Gray ed. *The 21st Century Superhero: Essays on Gender, Genre and Globalizarion in Film*, op.cit., lines, 544-6, 561-2, 580-3, 589-90, 679-80.

ホームズがほんとうに撃ちたかったものは何だったのか？

さらに、もうひとつ問うておかなければならないことがある。もういちどコロラド州オーロラの事件に戻ろう。映画の見せ物を現実世界で演じてしまったホームズが、その銃弾で本当に撃ちたかったものは何だったのかということである。単に大きな事件を引き起こして一時的な文化的アイコンとなることだけが、彼の願望であったのだろうか。一番であること、成功者となること以外に存在価値が認められないアメリカという社会。そんな文化的文脈に即して読まれることが多い彼の行為だが、彼のほんとうの願いはそんなマイナスの形での「成功」だけだったのだろうか。そのことへの答えは、あまり性急に出すべきではないように思われるのだ。

第二章

9・11の影の下に

46

スーパーヒーロー・ルネサンス

二〇〇〇年から二〇一〇年は俗にスーパーヒーロー・ディケイドと呼称される。二〇〇〇年の『Xメン』以降、二〇一〇年の『キック・アス』まで実に三十作以上のスーパーヒーローものが、マーヴェル、DC、あるいはダークホースコミックスを原作として映画化されたからである。

あるいは、フェブロヴィッツによれば、この傾向は一九九〇年代から続いているという。一九九〇年代に三十九作、二〇〇四年から九年までの五年間で四十五作ものスーパーヒーロー映画が制作されており、さらに二〇〇九年の時点で四十二作が三年以内をめどに準備中だというのである。さらに、インターネット・ムービー・データベース（IMDB）によれば二〇〇九年の時点での映画ベスト一〇〇のうち十一作品が9・11以降のスーパーヒーローものだったともいう。こうした事態をさして、フェブロヴィッツは、われわれはいまスーパーヒーロー・ルネサンスのなかにいると述べている。[20]

しかし、スーパーヒーロー・ジャンルとはいったいどういう性格をもつものなのだろうか？ そして、いまこれほどの需要が生まれている理由はいったい何なのだろうか？

スーパーヒーロー・ジャンルは、一九三九年のスーパーマン創造から始まり、それ以来、アメリカの大衆文化の安定した一側面であり続けてきた。

なによりもまずスーパーヒーローの神話の背景にあるものは、何らかの意味で特殊な個人である。宇宙人のスーパーマン、神話の登場人物のマイティ・ソー、あるいは科学技術で生み出した特殊なスーツに身を包むアイアンマン。それぞれの能力の違いはあっても、彼らに共通するのは、一人の人間が何らかの問題に立ち向かい、これを解決しようとするという点である。その背後にあるのは、「個人」に対する信仰のようなものではないだろうか。精神的、身体的能力を合わせもち、あらゆる賭けに勝つ一人の人間。これは、逆にいえば、社会や国家もまた「個人」を中心とすべしという信念の裏返しともとれる。つまり、政府の権限は限られたものであるべきであり、あとは国民それぞれの「個人」としての力にゆだねるべきだという信条である。[21]

ただしそこには、その「個人」とは白人／男性であるべきだというジェンダー的／人種的バイアスが露わであることは見逃してはならないのではあるけれど。一九六〇年代半ば

20——Richard Grey ed, *The 21st Century Superhero: Essays on Gender, Genre and Globalization*, op.cit., lines 24-5; Joshua C. Feblowitz, "The Hero We Create: 9/11 and The REinvention of Batman," op.cit., Introduction.

のブラックパンサーに始まる黒人のヒーロー、四十一年と登場は確かに早いが、ワンダーウーマンや、Xメンの女性キャラは、あくまでポリティカル・コレクトネスの要請から誕生したものであるということ、スーパーヒーローを生み出した神話的起源からはかなりの程度遠ざかったものであることは否めないところだろう。

白人／男性の「個人」としてのヒーロー像の起源は、遡《さかのぼ》ればおそらくフロンティアの時代に行き着く。ピューリッツァー賞を受賞したアメリカ人作家のスーザン・ファルディはその著書『テロの夢　9・11はアメリカの何を露わにしたのか（*The Terror Dream: What 9/11 Revealed about America*）』において、アメリカの文化的神話は「救出のファンタジー（Rescue Fantasy）」を起源としていると述べている。すなわち原型的な男性ヒーロー像はフロンティアの時代に形作られたものであり、妻子をもたず、銃のみをもつ一人の男が、性的な危機から無力な女を救うというものであり、それは西部劇映画の典型的な主人公像とぴたりと重なる。[22]

哲学者ジョン・シェルトン・ローレンスと宗教学者ロバート・ジュエットもまた、『アメリカのスーパーヒーロー神話（"The Myth of the American Superhero"）』において、スーパーヒーロー物語はアメリカを神話的エデンとする「文化的貴種流離譚（Cultural Monomyth）」であると定義づけている。そこでは、アメリカは楽観主義、人間の進歩、人間の完成への希望に満ちた「世界の庭」として表象されるが、これもまたフロンティアの文化的記憶に根ざすものだと述べている。ところが、その隔離されたエデンとしてのフロンティアに悪が起こると、そこは荒野と化してしまう。その悪から捕虜を取り戻しエデンを回復するのが、高貴な出自をもつものの、いまは一介の流れ者としてさまよっているスーパーヒーローだということになるのである。[23]

スーパーヒーローが、上述のような理想郷としてのアメリカを回復してくれる神話的存在であるのなら、9・11のトラウマのなかにある社会、9・11の意味やそれに対してアメリカ政府がおこなった対テロ戦争の意味を図りかねている社会が、それを一挙に解決してくれる英雄像を求めたのは納得できるところである。けれども、果たして、9・11以後の世界においても、この「救出のファンタジー」や「エデンとしてのアメリカ」といった神

21——Richard Grey ed, *The 21st Century Superhero*, op.cit., lines, 77-9, 80-87. Xメンやミュータント・タートルズは例外と映るかもしれないが、彼ら「チーム」としてのスーパーヒーローがクローズアップされるようになるのは、一九八〇年代以降のことである。これに関しては、当時新たな黄禍として認知されていた日本的経営の影響が背後にあるという指摘がある。

22——Paul Kersey, *Captain America and Whiteness; The Dilemma of the Superhero*, Createspace Independent Publishing Platform, 2011, kindle edition.

23——Joshua C. Feblowitz, "The Hero We Create," op.cit., *The Cultural Mythology of Superheroes*.

話は維持できるのだろうか、いやそもそも存続可能なのだろうか?

まずは、それを検証する必要があるだろう。むろんのこと、足がかりとするのは、クリストファー・ノーランの三部作ということになる。

「現実」世界の「コミック」ヒーロー

議論を進める前提として、まずはノーラン版に先立つティム・バートンとジョエル・シュマッカーの作品を思い出しておこう。彼らの映画では、ゴッサム・シティは、むしろコミックブックの世界を再現した世界と映るように工夫がなされていた。つまりそれはグロテスクな非リアリズム的世界であり、ゴッサムの Goth (am) という名称にふさわしいゴシック性が背景に付与されていた。

それに対し、ノーランの三部作の背景からは、従来期待されていたものであるはずの「コミックブックらしさ」が奪い取られ、むしろリアリズムが前面に押し出されている。たとえば、過去の作品ではコウモリが飛ぶ時間をイメージして、夜の世界がクローズアップされていたのに対し、ノーラン版ではかなりの頻度で昼の光のなかの都市が描き出される。それはもはやゴシックの都市ではない。むしろ、三部作の舞台となるゴッサム・

シティは、リアルなアメリカの大都市そのものとして、あるいはいくつかの都市の架空の組み合わせとして描き出されているのである。ハリウッドの脚本家、クリストファー・ボレリ（Christopher Borrelli）によれば、第一作におけるゴッサム・シティはシカゴ、第三作のそれはピッツバーグがモデルとなっているという。富と繁栄を求めてやまないシカゴと、労働者階級の街ピッツバーグとの対比は、映画そのもののストーリーと密接につながっている。さらには、そこにマンハッタンのスカイラインがかいま見え、グッゲンハイム美術館の正面を思わせる建造物やマンハッタンブリッジを想起させる橋などニューヨークのイメージも付与されている（ゴッサム・シティとは、そもそもニューヨークに冠された呼称であった）。それぞれの作品の主題に応じて、リアリズムを強化するために、社会階層までが観客に伝わるように工夫されているのである。[24]

そのリアルな現実の都市に、ノーランは非在のキャラクターを置いた。リアリティのなかのコミックヒーロー。それは一見ばかげたことに思われるが、実際には、本来ならコミックブックの翻案ものなど見ない層を含んだより多くの観客を集めることに成功し、同

24——Elisavet Ioannidou, "Adapting Superhero Comics for the Big Screen: Subculture for the Masses," op.cit., p.6.

時にスーパーヒーロー・ジャンルの映画全体に成熟をもたらす結果となった。平たくいえば、子供向けという大衆の思いこみに対する挑戦がリアリズムの採用だったのだということになる。[25]

　バットマンの敵キャラとして導入されたのは、テロリストたちであった。これもまたスーパーヒーロー物語においては新しい試みであった。現実のテロリストたちを、スーパーヒーローの世界に適合するように作り替えて配置したのである。これもまたリアルなものが取り込まれたという意味において画期的なことであった。こうした工夫を象徴するのが、第二作のポスターであろう。[26]すなわち、如実に9・11を想起させずにおかない切り傷をうがたれた燃え上がる高層ビルの前にたつバットマンの姿である（図版参照）。テロリストの世界をスーパーヒーローの世界に適合させたという意図は、その切り傷が巨大なコウモリの形をしているという一点に極めて明白に示されている。

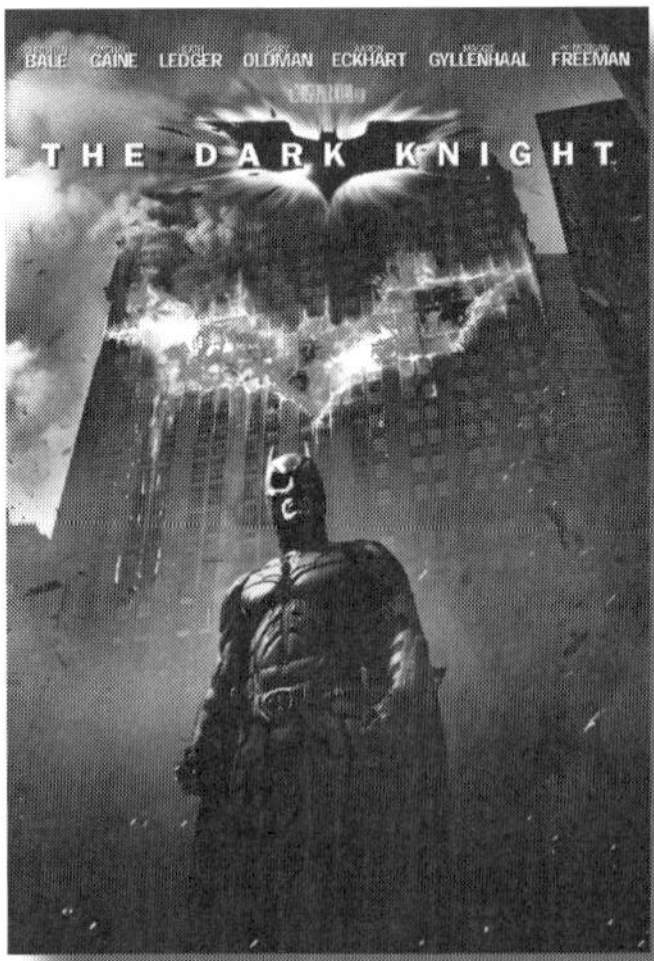

　さらにいえば、このような設定はそもそも荒唐無稽なものではなかったのだともい

える。なぜならスーパーヒーロー物語はそもそも現実と空想されたもの、事実と解釈との複雑な関係のなかに存在したものだったからである。すでに見てきたようにスーパーヒーローとは、文化的理想の反映なのであり、それゆえ彼らの葛藤は同時代の不安の表明でもある。つまり、彼らは当初から、現実と虚構の境界を横断する複雑な語りの空間に存在していたのである。第二次大戦時のプロパガンダ的逸話においても、現実と虚構の混在が見られたことを思い起こそう。たとえば、「アクション・コミック」に掲載されたスーパーマンの第十七話では、スーパーマンがアドルフ・ヒトラーと日本の天皇の首根っこを誇らしげに押さえている場面が、第十八話では、ジャパナチ（Japanazi）軍に向けられた爆弾に乗るスーパーマンの姿がそれぞれ表紙に描かれていたのであるから。[27]

その意味では、ノーランの作品はポスト9・11というトラウマ的な出来事を解釈し理解しようとする努力を如実に示したものだということができる。この映画でのバットマンは、以前の作品のような迷いなき正義の使者ではない。それどころか、問題含みの行動を頻発

25——Ibid., pp.6-7.
26——Richard Grey ed, *The 21st Century Superhero*, op.cit., That's the Power of Fear: Terror and the New Supervillain: The Joker.
27——Ibid.

し、失敗を繰り返す。さらには、彼が戦う動機すら定かだとは言い難い。

確かに、一般人とは隔絶した超巨大財閥の御曹司として生まれたブルース・ウェイン、その彼が密《ひそ》かに仮の姿として採用するバットマンのありようそのものは、貴種流離譚と合致する部分を含む。あるいはフロンティアの神話的主人公のように、彼は孤独なヒーローであり、救出のファンタジーを実行に移し、理想的贖罪《しょくざい》を果たそうとしているようにみることもできる。けれども、9・11というリアルな背景の前では、その神話的ヒーローは期待された働きをすることができなくなってしまう。「神話的エデン」であるはずのアメリカそのものが、倫理を侵犯してしまったのではないかという不安、有罪なのではないかという不安が背景にあるからだ。

神話的エデンの堕落、あるいは喪失を受けて、神話的ヒーローはその神話性を剥奪されていく。ヒーロー自らが不確かになり、道徳的に曖昧な行動を取り、あまつさえ、救出のファンタジーまで否定されてしまう。なぜなら、神話的物語に沿った観客の期待に反して、彼は恋人であったレイチェルを危機から救うことができないのだから。レイチェルは、これまでの悲しみの乙女としてのヒロインにはありえない形で、最後の言葉すら爆発音にかき消されてしまう。[28] ここには彼の「神話的」な力、超越的な力が、ジョーカーという敵によって否定されたことが露わである。第三作ではさらに、ベインによって彼は財閥そのものを乗っ取られてしまい、仮面を割られて地下の牢獄に放り込まれる。現実世界における貴種性も、神話的な超越性も、すべてを奪い取られてしまうのである。その意味では、この映画は生身の人間としてのバットマンを描いたというよりむしろ、フロンティアの時代以来アメリカ社会に通底してきた文化的神話が、9・11によって完全に打ち砕かれたという事実を鮮烈に描き出したというほうが適切なのだと思われる。

PTSDの社会

しかし、9・11という事件そのものがこうしたことを引き起こしたのではない。むしろ、この映画のもっとも重要な背景をなすものは、9・11という出来事そのものではなく、それにともなって生じた自国の対応への倫理的罪悪感を含み込んだある種のPTSDだということになる。起こったことに対する自国の対応をめぐって生じた新たな文化的な後遺症が、これまであった文化的神話を崩壊へと導いたということである。

28——Ibid., Chapter 2 White Knight, Dark Knight, Failed Rescue, Troubled Morals and Myth-Making: Failed Rescue.

ＰＴＳＤとは何か？『バットマンと心理学』の著者トラヴィス・ラングレイ（Travis Langley）によれば、ＰＴＳＤは戦争、殺人、レイプなど人が人に対しておこなう「人為的トラウマ」によって引き起こされることがもっとも多いという。それは、トラウマ的な出来事の深さや長さによっても喚起されるという。たとえば、ブルース・ウェインにとって両親の殺害は一瞬の出来事であったが、そのトラウマは生涯彼にとりつくことになる。９・11にしてもそうだ。たった一日の間に起こったことが、その後のアメリカ社会に永遠に解消することのできないトラウマを残したのだから。[29]

トラウマ的な出来事とは、もっとも保護が必要なときに自分や他者を守れないという体験をいい、この無力感が恐怖を産む。それは、心理学者のロニー・ジャノフ・バルマン（Ronnie Janoff-Bulman）によれば、日常生活を機能的に支配する根本的前提を打ち砕き、この世界で自分は何を知ることができ、何をすることができるのかを生存者や目撃者に問いかける。第三作で、最後にバットマンの遺志を継ぐことになる孤児院出身の警察官ジョン・ブレイクは、「骨の髄まで怒ることがどんなことなのか知っている人は少ない」という。同じ体験を経たものとして、ブレイクは、ブルース・ウェインが両親の死を「乗り越える」ことができないこと、その死をめぐって生じた怒りが、決して克服できないものであることを知っている。[30]

ハーバード大学医学部精神科教授であるジュディス・ハーマン（Judith Herman）はトラウマを、身体的・意思的な侵犯による傷や無力化と定義づけたうえで、ひとたびは圧倒され、バラバラにされた身体と意思を意味ある世界観へと統合しようとする格闘であると定義づけている。だからこそ、ブルース・ウェインは、無意識レベルでのトラウマとなっている両親の殺害への罪悪感を、犯罪を暴力的に鎮圧したいという欲望へと転化するのである。つまり、トラウマ的な出来事の影響は、出来事が起こった後の葛藤やそれに伴う選択そのものを指すのであり、それを個人ではなく社会のレベルで考えたときには、「歴史」を生起させるのだということになる。その意味で、ブルース・ウェインは、9・11以後のアメリカのメタファーとして最適だったということができる。かくして、9・11後のアメリカが抱えていたジレンマと、ノーラン三部作のプロットの背後にあるそれとが一致することになったわけである。[31]

29——Jilian Gilmer, "The Masked Menace: Ideology, "Unbecoming", and the Emergence of the Id Monster in Christopher Nolan's Dark Knight Triligy," op.cit., p.35, 21 PC, lines.730-1.

30——Ibid., p.36, 21 PC, lines 733-4.

31——Christine Muller, "Power of choice and September 11 in The Dark Knight," lines 729-30, 739-41 in Richard J. Gray & Betty Kaklamanidou eds, *The 21st Century Superhero: Essays on Gender, Genre and Globalization in Film*, Mcfarland & Co Inc Pub, 2011.

58

地下からの脱出

それではノーランの三部作において、ＰＴＳＤ克服の試みは、どのように表現されているのだろうか。『ビギンズ』の冒頭に提示されるのは、少年の日のウェインが、庭で遊んでいるときに古い井戸の底に落ちる場面である。井戸の底は洞窟になっており、その真っ暗な空間はコウモリの巣となっていた。その暗闇のなかでのコウモリたちとの遭遇が、少年ウェインにとっての恐怖の原型となる。

ウェインは、自らの恐怖を外在化する形でバットマンとなり、その本拠地として、その井戸の下の洞窟を改良した地下に潜む。文字どおり、コウモリとなり、犯罪者たちに自分が少年時代に味わった恐怖を伝達する行為にいそしむのだといってもよいだろう。それは、読みようによっては、自らの恐怖からの逃避だともいえる。自らが自らの恐怖の化身と化し、犯罪者たちにそれを伝染させる役割に徹することによって、自分はその恐怖から逃れようとしているともいえるからである。

ところが、第三作の『ライジング』において、バットマンは、その恐怖を外在化した仮面をベインによって割られてしまう。外在化していた恐怖を剥奪され、再び地下牢に放り込まれる。すなわち、もう一度自らの恐怖と対峙することを要請されることになるのである。

第三作のタイトルはその意味で象徴的である。原題である『ダークナイト・ライジズ(The Dark Knight Rises)』とは、おそらく、この地下からの浮上を意味しているのだから。地上と地下、意識と無意識との対比がここには明らかである。けれども、このタイトルは、もうひとつの可能性も示唆している。地下から浮上してくるのは、バットマンだけではなく、ベインも同様だからである。ベインはゴッサム・シティの地下にある下水システムに本部を持つ「埋められた邪悪」として登場する。それは、ちょうど第二作のラストにおいてゴードンとバットマンによって「埋められた」デントにまつわる真実の抑圧と響きあうかのようである。そして、あたかもフロイトの抑圧理論をそのまま再現したとでもいうように、抑圧されたデントにまつわる真実は、ベインという形を変えた悪として地上に浮上してくることになる。それは、

ウェイン「バットマンはもはや必要とされていない。俺たちは勝ったんだ」
ゴードン「嘘に頼ってな。この邪悪なものは埋められた場所から復活してくる」

という会話に明白に示されている。『ビギンズ』で提示された地上と地下の対比が、このように最後の作品では中心的な主題として前景化されることになるのである。[32]

少し話が広がってしまったので、もう一度話を地下のウェインに戻そう。ベインによって地下牢に閉じこめられる場面によって、『ライジング』に『ビギンズ』が再帰する。あるいは、少年時代のウェインが青年ウェインと重ね書きされる。これもまた自己言及的なモチーフだととらえてよいのではないだろうか。ウェインの子供時代の恐怖を再創造することで、ノーランは物語に循環性を与えたのだ。ただし、今度は救いの手を差し伸べてくれる父はいない。父なき後に同じ課題をこなさねばならないのだ。

地下牢の岩壁を登るウェインに向かって、牢獄の住人たちは「デーシャイ、デーシャイ、バーサーラー」と呪文のような言葉を投げかける。「どういう意味だ」と問いかけたウェインに対し、囚人の一人が答える。「登れ (Rise)」[33]。登ること、今度は仮面による外在化も、父の助けもなしに恐怖を克服して地上へと至ることこそが、ウェインの課題となる。途中足場が途絶え、人間離れしたジャンプ力なくしては次の足場へと至ることができない場所がある。命綱をつけている間は幾度試みてもそのジャンプに失敗して落下してしまったウェインだが、最後に命綱を捨てたとき、すなわち死の覚悟ができたとき、ついにそれに成功する。ここで明らかになるのは、ウェインが抱えていた地下の恐怖、コウモリに象徴される恐怖は、実は死への恐怖であったという事実である。死を恐れなくなったウェインは、だからこそ映画のラストにおける殉死をためらわずに遂行できたのだ。

父の不在

ここで重要なのは、少年時代のウェインには父という庇護者がいたが、いまはそれが失われているという事実である。その喪失、重ね書きされた二つの地下の差異を媒介しているものも、やはり父の死なのである。その意味では、ウェインが乗り越えなければならなかったのは、自己の死への恐怖だけではなく、父の不在＝死を受け入れるということでもあったということになるだろう。

父がいた。そう、最初の地下からの脱出時には、父の助けがあった。少年ウェインが落下したとき、すかさず父トーマスが助けに駆けつけてくれた。ブルースの手をつかむトーマスの手。その手からは、なぜか人差し指がのばされたままになっていた。コロラド大学で文学を研究しているジリアン・ギルマー（Jilian Gilmer）は、この場面にミケランジェロの「アダムの創造」を重ねている。すなわち、この場面は神とアダムの関係に比することができるというのである。その場面で地上から差し込む天上的な光とあいまって、それは

32——Jilian Gilmer, op.cit., p.45.
33——Ibid., p.46.

さながら神＝救世主としての父が、手のひと触れでウェインに息吹を与え、闇から光のもとへと引き出すという宗教的隠喩と重ねられるというのである。[34] とすれば、やはり西洋的な父権性的価値観のもと、ウェインをウェインたらしめたのは父の存在だったということになるだろう。

自己の創造主としての父が失われたこと、母の死よりもむしろ、そのことがこの映画では中心的な不在としてクローズアップされている。なぜなら、父トーマスの死後、バットマンの周りに現れるのは、複数の父親の代理たちだからである。

たとえば、ラーズ・アル・グールはどうだろう。映画の流れに従えば、生きる目的を見失って放浪していたウェインにとって、ラーズの影の軍団に招かれ、そこで修行を積んだことこそが、バットマンへの転生のきっかけとなったのではなかっただろうか。あるいは、修行を終えて影の軍団への加入を要請されたウェインが、価値観の違いからそれを断って袂を分かった瞬間が、バットマンの誕生のきっかけとなったといってもいいかもしれない。いずれにせよ、そこには養い育てる者としての、あるいは反面教師としての父のような存在があったことになる。[35]

映画内では、演劇的に悪役を割り当てられているラーズだが、彼は決していわゆる「悪人」ではない。彼には彼独自の倫理があり、正義があり、大義がある。悪人どころか、むしろラーズの視点に立てば、彼もまた自分の大義を追求する正義の人なのだ。あくまでもこの善悪の割り当てが、アメリカという物差しを基準にしたものだということを、この映画は隠していない。どちらが正義なのかということは、最後まで語られも問われもしないままなのだ。ウェインは、ラーズの価値観に共鳴しなかった。だから敵対し、相争う関係となった。映画が描いているのはそれだけのことなのだ。

その意味ではラーズ・アル・グールとは、ウェインが同一化を拒んだことで「他者」とされた存在ということになる。「他者」すなわち、「外部」の存在ということである。

ラーズ：二重の他者性とその裏切り

この「他者」性、「外部」性はそれでは何を意味しているのだろうか？　ラーズとウェインの違いは何か？　それは、「共感」の有無だということになるだろう。人間的共感の

34——Ibid., p.45.
35——Joshua C. Feblowitz, Chapter 1.'That's the Power of Fear,' Terror and the new Supervillain: Ra's al Ghul, & Slavoj Žižek, "The Politics of Batman," *New Statesman: online comment site of the year*, http://www.newstatesman.com/culture/culture/2012/08/slavoj-%C5%BEi%C5%BEek-politics-batman,The Good Terrorist'

拒絶が、ラーズの哲学においては中心的な重要性をもつからだ。戦いのさなか命の危機に陥ったラーズを、ウェインは一度救う。けれどもそのとき、ラーズは感謝する代わりに、ウェインをあざけるのだ。「殺しておくべきだった」と。

共感性を拒むラーズの哲学においては、正義と暴力とは密接に絡みあっている。大義のためであれば、罪のない人の命も喜んで奪うというのが、彼の「強さ」なのだ。彼の軍団は影のそれであり、日本の忍者のように、姿を隠し、あるいは偽り、気配を殺して、敵に気取られずに背後から刺すことを容認するどころかむしろ称揚する。犠牲者の側からいえば、それは防ぎようのない暴力なのである。アルカイダの思想的バックボーンについて前イスラエル首相ベンジャミン・ネタニヤフは「体系的な殺人、暴動、罪のない者への脅し」と定義づけたが、それは影の軍団の考えとも通底するものだ。堕落したゴッサム・シティをゴモラにたとえ、その破壊を浄化とする発想もまたアルカイダのそれと共鳴する。彼の名、ラーズ・アル・グールそのものがアラビア語であることが、そのような憶測の確からしさを補強しているとはいえないだろうか。なにしろ、それは「悪魔の長」を意味する名前なのだから。

ラーズの外部性は、このようにあからさまに9・11における敵のイメージを潜在させている。その意味での「他者」であり「外部」である。[36]

しかし、それだけではない。ラーズには、さらにもう一層「他者」あるいは「外部」のイメージが重ね書きされている。すなわち、黄禍のそれである。南カリフォルニア大学のジュリアン・チャ（Julian Cha）は、ラーズ・アル・グールは、二十一世紀のフー・マンチューだと指摘する。[37]

フー・マンチューとは、イギリスの作家サックス・ローマー（Sax Rohmer）の小説で生み出された「最初の普遍的に認知された東洋人にして、悪役の原型」であり、「エイリアンの定義そのものであり、われわれの中に暮らしている遠くにある脅威の使者」である。彼は世界征服をたくらむアジア系アメリカ人として設定されており、黄禍のイメージの代名詞のようなものとして機能してきた。

黄禍という言葉は、最初、十九世紀半ばの中国系移民やクーリー（低賃金で働く未熟練労働者）のことを指していたが、二十世紀の初めには日露戦争に勝った日本に対して使われ、そして一九八〇年代には、さまざまな産業への日本企業の進出に対して使われた。近年は、

36——Ibid., Ra's Al Guhl.

37——以下の黄禍をめぐる議論は、Julian Cha, "The Fiendish Plots of Dr. Fu Manchu in the Twenty-First Century: The Yellow Peril in Christopher Nolan's Dark Knight Trilogy," *Americana: The Journal of American Popular Culture*, spring 2013, vol.12-1 に多くを負っている。

アメリカ文化の権威と覇権をゆるがす、新しい経済的技術的黄禍として、『ブレードランナー』から『ブラック・レイン』『ライジング・サン』にいたるポピュラーカルチャーに描かれてきた。一八八二年の中国人国外排斥法、一九一七年の移民法などは、非白人移民に脅威を感じる白人社会の反応であった。黄禍は、中国人や日本人に対して特定的に使われるものではない。むしろ、「移民の中ですべてのアジア人が一つの黄色い集団に溶解する」のだと説明されている。『マトリックス』のモーフィアスは、黄禍とは、アメリカ人にとっての「心の中のトゲ」のようなものだと語っている。

こうしたことを背景とし、チャは、ノーランの三部作では、アジア系アメリカ人の存在すべてがヨーロッパ中心的世界秩序を危機に陥れる「黄禍」として描かれていると述べている。

確かに、ラーズ率いる影の軍団にはアジア的な要素が見られる。軍団そのものはさまざまな人種から構成されているが、その中にはアジア人も含まれている。また彼らが隠れ潜んでいる場所は、ヒマラヤの山奥であり、それはまさにアジア的な場所である。なによりも、軍団が使う破壊の技術である忍術や武術は東アジアや中東のものなのである。

それだけではない。影の軍団の基本的な教えは「不可視」になることではなかっただろうか。そしてそれは、アメリカ社会において、アジア系アメリカ人がそれにあらがい、またそう扱われてきた政治的不可視性そのものの隠喩だと捉えることすらできるのではないだろうか。

ラウ：経済的黄禍

第一作で黄禍イメージを体現したのがラーズ・アル・グールであったとすれば、第二作でその役割を担ったのは、経済的黄禍として描かれるラウである。「計算が得意」なラウは、アジア系ナードであり、ゴッサム・シティを経済的に乗っ取ろうと企んでいる。

強欲の象徴であるだけでなく、ラウはまた臆病者でもある。ジョーカーが彼を「テレビ画面」と呼ぶのはまさに正鵠を射た表現である。ラウは、ギャングの会議にも姿を現すことはなく、ビデオを通して対話するだけであり、さらに後にはそのビデオ配信を自ら切断することで不可視の存在となる。このように、ラウは、ゴッサムの身体政治に属していないわけだが、香港に逃げたときもオフィスビルの一室に閉じこもっており、どこにいても「行為者」ではない。わかりやすくいえば、彼はボス的な存在に見えながら、最初から無力なのであり、臆病者というよりむしろ力を剝奪された存在なのである。だから、香港に飛んだバットマンによって、なすすべもなくアメリカに連れ戻されてしまうことになり、その後今度はジョーカーによって連れ去られてしまうことになる。

さらにまた、彼は裏切り者でもある。アメリカに連れ戻されると、自分の安全と香港への帰還を条件に簡単にギャングの仲間たちを売るのであるから。その意味では、彼はゴッサム・シティにとっての脅威であるだけでなく、ギャングたちにとっての脅威でもある。表でも裏でも白人社会の敵として表象されることになるわけだ。

ここには、ネズミ野郎と呼ばれる、強欲、腐敗、裏切り、卑劣などのイメージが付与されている。観客の誰もがラウにたいし不快感を抱くように誘われるのである。これもまた黄禍イメージの典型例なのだとはいえないだろうか。

そして、最終的にラウはジョーカーによって殺される。それも、山のように積み上げた札束の上に、防水テープで口を覆われ、身動きもならない無力で不可視の存在として、魔女の処刑さながらに、札束とともに焼き殺されるのだ。そこにチャは、白人の楽しみのために、苦しみの見せ物とされた黒人の位相を重ね合わせている。奴隷制度時代、奴隷たちは主人の力や権威を示すために「白人の楽しみのための道具」とされたのであり、それは「苦しむ黒人の見せ物的性格と、その逆の見せ物を通しての苦しみの隠蔽」を同時にもっていたと、コロンビア大学でアフリカ系アメリカ人の文学を講じているセイディア・ハートマン（Saidiya Hartman）に依拠しつつ、チャは述べている。

そして、あたかも黄禍はここで抹消されたとでもいうかのように、第三部には、もはやアジア系の人物は登場しない。それはあたかも、アジア系アメリカ人は、ラウの死をもって完全に不可視化されたというかのごとくである。このように、この映画には、ある種の白人中心主義がはっきりと描かれているのであり、そのことがもっとも露わになるのは、第一作の後半でラーズが実は白人のアンリ・デュカールだったということが明らかになる場面であろう。ここには、バットマンと互角に渡りあえる敵は、アジア系アメリカ人ではなく、白人でなければならないという前提がかい間見える。第三作の黒幕もまたこのデュカールの娘であることにも、そのことは明らかであろう。

69

バットマンではなくウェインにとっての敵

ラーズ・アル・グールが、アンリ・デュカールとして、ウェインにとって疑似的な父親として近づいたとすれば、その娘であるタリア・アル・ラーズは、ミランダ・テートというもう一つの人格を借りて、ウェインの疑似的な恋人として近づこうとした。父も恋人もウェインが失ったものであることを考えれば、彼らはウェインの人格のもっとも弱い部分を巧みに攻略してきたのだといえるだろう。

ウェインが不可抗力を装って殺したのは、ラーズとタリア、そしてデントの三人である。この三人に共通するのは、彼らが仮面をかぶった存在ではなかったという点である。スケアクロウ、ジョーカー、ベインといったバットマンの敵の多くが仮面を被っていた（ジョーカーの場合は、仮面のような化粧だったが）ことを思い出してみよう。

ラーズ・アル・グールは、バットマンの敵としても登場するが、当初彼は、渡辺謙演じるところの影武者に自分の名前を与えている。つまり、影武者という仮面を被っていると見なすことができる。とすればこの三人は、バットマンではなく、むしろウェインの敵だということが暗に示唆されているのではないだろうか。つまり、それは彼の人格にとっての脅威であったということになる。デントは、恋敵であったこと、彼を救ったせいで恋人を殺す羽目になったという意味で、間接的に恋人の死の原因であったこと、さらにはトゥーフェイスとなったことで、バットマンを必要としないゴッサムというウェインの願望を否定したということがあげられる。バットマンの敵がより社会的・政治的な側面をもつ敵だったとすれば、ウェインの敵は、ウェイン自身の人格を壊そうとする者たちであった。だから、ウェインは自我を守るために彼らを殺すことになったのだと考えることができるのである。[38]

さらにもうひとりウェインには疑似的な父がいる。それは、彼の執事であるアルフレッドである。アルフレッドは、彼の父に仕えた執事であったが、父トーマスの死後も、献身的にウェインに仕え、彼のもう一つの人格であるバットマンまでを含めたすべてを背後から支えてくれる人物である。

先に、第三作では地下からの脱出時に父は不在であったと述べたが、ここでも疑似的な父は存在していた。つまり、彼に脱出のためのアドバイスを与えてくれる老人の存在であり、その老人は年齢的に、仮にトーマスが生きていたとすればそれくらいの年齢であったであろう人物として登場してきている。むろん、第一作で彼を救うのが父の手であったことを考えれば、言葉しか与えてくれないこの疑似的な父の力がかなり弱いのは確かだ。その言葉を啓示として、ウェインは自分自身で悟りを開かねばならないのだから。

このように、ウェインは常に父性の助けを必要としているのであり、それを恒常的に与えてくれていたのがアルフレッドだったわけである。[39] 精神的にきわめて不安定なウェインが、バットマンとして戦うことができたのは、このアルフレッドの存在があったからこそなのではなかっただろうか。第三作における、ベインによるウェイン／バットマンからの

38——Bent Holmes Kino, "Why They Wear the Mask: The Mouthpieces of Nolan's Batman Trilogy," *The Western University Undergrasuate Journal of Film Studies*, no 14-1, 2013, .p.2.

力の剥奪という展開は、アルフレッドがウェインのもとを去った後という背景を加味することでより強烈なものとなった。なぜなら、アルフレッドの退場によって、ウェインは完全に父性的なものを失ってしまった状態になったからであり、そのことが彼のよるべなさをより強く印象付けることになるからである。

バットマンの敵

ここまで述べてきたことはブルース・ウェインの敵についてであった。けれども、この映画でフィーチャーされているのは、むしろウェインのもう一つの人格であるバットマンの敵のほうである。

それは、ひと言でいうならば、テロリストたちであり、またそのテロリストたちへの報復に道を踏みちがえてしまった過《あやま》てる父としての国家であり、政府である。ウェインの敵が、彼個人の苦悩と密接につながった私的な要素をはらんだものであるとするならば、バットマンの敵はもっと社会的な、あるいは公的な性格を帯びたものである。

いうまでもなく、すべての源となっているのは、当然9・11である。9・11をもたらしたテロの意味、さらにはそのテロに対する自国の反応こそが、これらの映画が取り扱おうとした大きな主題だった。つまり、ノーランの三部作は、あからさまに9・11の影の下で作られたものなのであり、9・11がメタ物語として常に意識されているのだといえる。さらに第三作では、同じく過てる父たる国家が抱えるもう一つの問題である経済的落差、あるいは階級的問題が主題として付け加えられている。

たとえば、第一作『ビギンズ』において、ラーズはゴッサム・シティを破壊しようとするのだが、その計画そのものが、9・11と似たものになっている。ラーズはビン・ラディン同様、自分自身は中央アジアに身を潜めながら、飛行機とモノレールという違いはあるものの、大量輸送機関を使った摩天楼の破壊を企てるのである。しかもご丁寧なことに、映画において当の摩天楼であるウェイン・タワーには、ツイン・ビルを彷彿させるデザインが施されている。

39——Christopher M. Drohan, "Alfred, The Dark Knight of the Faith: Batman and Kierkegaard" in Mark D. White & Robert Arp eds, *Batman and Philosophy: The Dark Knight of the Soul*, NJ; Wiley, 2008において、Drohanは、ゼーレン・キルケゴールの「信念の騎士」という概念をアルフレッドに適用している。信念の騎士とは、平和は個人的基盤から始まると信じる人物である。アルフレッドの正義は常にそこにあり、そこで実現されるものである。いつの日か、自分の信念の仕事にウェインを導けると信じて、ウェインに愛としての正義をただ与え続ける。これは高次の倫理であるのだが、逆説的にそれは表面的には、あまりにもあたり前で平凡なものとしか映らない。ゴッサム・シティの平和のために命を賭して戦うバットマンの正義と比べれば、一見なんの力も価値もないように見える。けれども、このアルフレッドの正義があって初めて、バットマンの正義が可能になるという逆説もまた真なのである。

しかし、9・11への言及がもっともあからさまなのは、いうまでもなく第二作の『ダークナイト』であろう。この映画は、9・11のイメジャリに満ちているのだから。

たとえば、DVDのパッケージにも使われていたこの映画のポスターをもう一度思い出してみよう。ここではバットマンは摩天楼をバックにして立っている。そして、その摩天楼には巨大な炎が傷のように走っており、その炎がコウモリの形をなしているのである。そして、映画の冒頭に現れる火の玉は9・11の始まりを思い出させずにはおかないし、映画内に現れる建物はワールド・トレード・センターを思わせる、床から天井までが窓という内装になっている。臨場感あふれるIMAXで撮影された映像とカメラのポジショニングは、観客に9・11に際してもつことができなかった視点を提供する。たとえば、崩れていくビルを内側から眺める視点などであり、これを通して観客は単なる受け身の存在でいることを許されなくなり、9・11の当事者となって追体験を促されることになる。また、ジョーカーが口にする「お前の友達を何人殺したかな（How many of your friends have I killed ?）」というセリフも、明らかに事件を思い出させずにはおかない。[40]

第三作の『ライジング』も同様にテロを描いているが、こちらはむしろ二〇一一年の「ウォール街を占拠せよ（OWS）」運動とテロをつなぐかたちに若干の修正がくわえられている。それぞれの時点でもっともアクチュアルなアメリカの現実とのつながりを意識していたことが見てとれる変更であるといえる。

この三部作が、これまでのバットマン映画と大きく袂を分かつ点は、このアクチュアルな現実との接続への意志であり、それはバットマンの敵がどの作品でもテロリストであることに明らかである。

そこでは犯罪者が三つのレベルに分けられている。最下層に位置するのはカーマイン・ファルコーネに代表されるブルーカラーのギャングたちであり、彼らは従来の悪役そのままに富と権力を志向する存在である。その上に位置するのは、ホワイトカラーの犯罪者たちであり、精神的な不安定さと科学的好奇心の奇妙な組み合わせであるスケアクロウや、ギーク的なアジア系アメリカ人ラウなどがここに属する。そして、悪の頂点に君臨するのが、テロリストたちなのである。たとえば、ラーズは、ギャングたちやスケアクロウたちを操作する存在であったし、ジョーカーは銀行を襲った際に部下のギャングたちを躊躇《ためら》い

40——ポスターについては、Michael Duddly, “Batman’s Take on 9/11 Politics? Drop the Fearmongering, AlterNet Movie Mix, City States, 2008, http://www.alternet.org/story/92385/batman’s_take_on_9_11_era_politics_drop_the_fearmongering
その他の項目については、Christin Muller, “Power, Choice and September 11 in the Dark Knight” in Richard. J. Gray & Betty Kaklamanidou eds, *The 21st Century Superhero:Essays on Gender, Genre and Globalization in Film*, Mcfarland & Co Inc Pub, 2011, lines, 760-5, 793-4.

なく殺し、後に札束の上でラウを焼き殺すというかたちでこの二つの層に優越している。ベインもまた、階級問題を掲げて市民を煽動するインテリのテロリストとして描かれている。[41]

これら三作の悪役たちの特徴は、ひとつには、テロリストとして恐怖を最大の武器として使うということであり、もうひとつは、彼らが伝統的な犯罪者の動機であった富や権力への欲望をもたないという点である。確かに「悪役」ではあるのだが、彼らは純粋な悪というよりは、なにか別の思想、別の倫理を感じ取らせる存在である。彼らは彼らなりの「正義」のために行動しているようにすら見え、それをやみくもに葬ろうとするバットマンのほうがむしろ「野蛮」に映りすらするほどである。

つまり、従来の善と悪という明快な二元論の物語はもはや不可能になったということであり、テロリストたちが「物語の期待」に裂け目を入れてしまったということになる。[42] それゆえ、善であるはずのバットマンの行動の意味もしばしば意味不明なものとなる。いったい彼は何のために戦っているのだろう。殺された両親の死への復讐をなしているのだろうか、それともただ彼なりの「正義」を追求しているだけなのだろうか？

この不確かさは、テロを経験した後のアメリカのそれと重なりあうものである。なぜなら、9・11の後にアメリカが起こした対テロ戦争の動機もまた、バットマンのそれと同様に不明確であるからだ。アメリカはほんとうに民主主義を掲げてテロリズムを根絶しようとしているのか、それともただ復讐を欲しているだけなのか、という問題である。実際、二〇〇一年のアメリカのニュースは、他者への攻撃性を基調としていた。そこには、テロによる犠牲についての報道よりもむしろ、「他者」の土地への好戦的な関心と、それを手に入れるためにグレイな領域へと踏み込んで行こうとする意思がみなぎっていた。[43]

マンガのような政府

オサマ・ビン・ラディンの死後、二〇一一年に後継者としてアル＝カイーダの司令官となったのはアイマン・ザワーヒリーであった。そのザワーヒリーは、それより六年前に

41——Joshua C. Feblowitz, op.cit., Chapter 1 “That’s the Power of Fear,” Terror and the New Supervillain: The Criminal Elements.
42——Joshua C. Feblowitz, op.cit., Chapter 2 “White Knight, Dark Knight Failed Rescue, Troubled Morals and Myth-Making”: Failed Rescue.
43——Anthony Peter Spannakos, “Exceptional Recognition: The U.S. Global Dillemma in The Incredible Hulk, Iron Man and Avatar” in Richard J. Gray & Betty Kaklamanidou eds, *The 21st Century Superhero: Essays on Gender, Genre and Globalization in Film*, Mcfarland & Co.,Inc. Pub, 2011, lines 420-1.

「マッカ・タイム」に寄稿した「イスラムへの攻撃をやめよ」という記事の中で、アメリカを中心とした西洋諸国の国民に向けてこのように語っている。

もしあなたがたのマンガのような政府（These cartoon governments）がわれわれの報復からあなたがたを守ってくれると信じているのなら、あなたがたは騙されているのです。あなたがたのほんとうの安全は、敬意を示し、攻撃をやめた上でのイスラム諸国との協調のなかにのみ存在するのです。[44]

あるいは、コラムニストのペギー・ヌーナン（Peggy Noonan 彼女は二〇一七年にピューリッツァー賞を受けた）は、「ウォールストリート・ジャーナル」に掲載されたコラムにおいて、テレビの中で対テロ戦争を呼びかけるブッシュ大統領が、「自分のシャツを引き裂いて、胸の大きなSの字をさらけ出すのではないか」と期待したと書いている。[45]

これらのコメントは、9・11後のジョージ・W・ブッシュ大統領による対テロ戦争の性格を見事に言い当ててはいないだろうか？　大統領は、フセインのイラクを「悪の枢軸」と呼び、彼を悪魔になぞらえたのと同様、テロリズムとの戦いを「善と悪」との記念碑的な戦いであると明快に語り、テロリストたちは純粋な悪によって動機づけられているとした。そして、強引にイラク、アル＝カイーダ、9・11をひとかたまりの「悪」として提示してみせたのであった。

> これは善と悪との戦いだ。彼らは悪事をおこなう者たちなのだ。（中略）唯一の動機は悪である。[46]

スーザン・ソンタグは、この過度の単純化のレトリックを、「神聖らしくみせかけた」「現実を隠蔽する」「一人よがりのたわごとであり、公的人物やTVコメンテーターによって広められたあからさまな偽りである」と断じている。[47]

すなわち、このときブッシュ政権はコミックブックの言語を、あるいはスーパーヒーローコミックの世界観を公然と掲げたことになる。アメリカ政府は、まさに現実世界を、スーパーヒーローコミックの世界に作り替えようとしたのだといえるだろう。それでは、

44——al-Zahahri, "End attaks on Islam," *Makka Time*, 21, Feb. 2005.
45——Susan Faludi, *The Terror Dream: Myth and Misogeny in an Insecure America*, New York: Picador, 2007, p.60.
46——George Bush, "International Canpain Against Terrorism," Washinton, D.C., September 25, 2001.
47——Joshua C. Feblowitz, op.cit., Chapter 1.

なぜ、このような単純なレトリックにアメリカ国民は巻き込まれてしまったのだろうか。
それは、ひとつには、このコミックブック的世界観が、先に見たフロンティアの神話の系譜につながる神話的な魅力をアメリカ国民に対してもっていたからということがあるだろう。ブッシュは、国民が、自らをシェーンのようなフロンティアのガンマン、あるいはその系譜上にあるスーパーヒーローと同一視することを期待したのだ。しかし、それよりむしろフェブロヴィッツが指摘するように、この特異な歴史的時空間において、ブッシュ政権の政治的策謀が、人々の悲しみや怒りと図らずも（あるいは計算の上でかもしれないが）うまくマッチしてしまったことが大きいと考えるべきだろう。悲しみや、怒りの矛先を向けるべき敵を求めていた国民感情と、それをわかりやすい悪として明確に「外部に」設定したブッシュの策謀とが、アメリカ国民に「我ら」と「彼ら」、つまり国民と政府という対立を見失わせてしまったということだったのではないだろうか。[48]
悲しみと怒りが、策謀家のほんのひと押しで道を踏み外させられてしまうということ。そういえば、そのことは、『ダークナイト』で明確に描かれていたのではなかっただろうか？　すなわち、レイチェルを失った悲しみと怒りの中にあったハービー・デントが、ジョーカーのひと押しでトゥーフェイスという犯罪者に堕落してしまう展開である。[49]道を踏み外し、強い倫理規範や理想を見失ってしまったデントは、偶然だけを信じる虚無主義者となってしまう。かくして、「世界は残酷で、残酷な世界での唯一の倫理は偶然だ。偶然には偏見も先入観もなく、公正なのだ」と、ゴードンとバットマンに向けて語るトゥーフェイスが誕生したのであった。この「偶然」という言葉を、「報復」と置き換えれば、それはそのまま9・11後のアメリカ政府のプロパガンダと似たものになるのではないだろうか。

我々のテロに対する戦争はアル＝カイーダに対して始まるものだが、そこで終わるものではない。地球上のすべてのテロリストグループが見いだされ、制止され、そして打ち負かされるまで終わることはないのだ。（Our war on terror begins with Al Qaeda, but it does not end there. It will not end until every terrorist group of global reach has been found, stopped and defeated.）[50]

48——Ibid., Chapter 1.
49——Ibid., Chapter 2.
50——二〇〇一年九月二十日に、ブッシュ大統領がアメリカ合衆国合同議会（a joint session of Congress and the nation）でおこなった演説より。

対テロ戦争

二〇〇九年一月にオバマ大統領は、合衆国に抑留されている人々への人間的扱いとCIAの抑留施設の閉鎖を宣言した。けれども、その後ブッシュ政権がイスラム系の被抑留者に対しておこなった違法行為の記録が発表されたとき、前副大統領であったディック・チェイニー等によって、あれは必要かつ、効果的であったという議論が蒸し返されている。たとえば、二〇〇九年のクリスマスにデトロイトで下着に爆発物を入れて飛行機の機内で爆発させようとしたナイジェリア人、ウマル・ファルーク・アブドルムタラブ容疑者が逮捕されたとき、オバマ政権は合衆国の人道的な法を彼に適用しようとした。けれども、そのときにも、拷問したほうが情報を引き出せるのにという声があった。また二〇一一年五月にビン・ラディンが暗殺されたとき、前ブッシュ大統領政権の官僚は、強制的自白こそが米軍を彼の隠れ家へと導いたのだと主張した。

このように、ブッシュ政権時代、イラク戦争を中心とした対テロ戦争にまつわるさまざまな「不祥事」、あるいは、政権側によれば「必要悪」がおこなわれた。いくつか例をあげるならば、アブグレイブ刑務所やグアンタナモ湾などでの捕虜に対する非人間的行為、国内の携帯電話盗聴、敵性戦闘員に対する拷問などである。

たとえば、電子的監視に関しては、9・11直後に「国家安全管理局（NSA）」が「テロリスト監視プログラム（TSP）」という監視計画を立て、実行していたことが、「ニューヨーク・タイムズ」によって二〇〇五年十二月に暴露された。一九七八年に施行された「外国情報監視法（FSA）」の適用を除外して、アル＝カイーダに関連がありそうな外国の情報に対する電子的監視がおこなわれていたということが暴かれたのである。

ところが、ブッシュ政権はTSPの存在が明るみに出てもひるむことなく、あれはテロリストを捜査するために必要だったのだと強弁し、逆に二〇〇七年八月に「アメリカ保護法（PAA）」を施行し、国外の情報収集をこれまたFSAの適用除外によって可能にした。これは時限立法で一二〇日で失効してしまうものだったが、その失効に伴い、二〇〇八年に議会が今度は「外国情報監視法修正法案（FISA）」を施行してしまった。FISAは、監視の目的が外国の情報である限りにおいては、外国の権力と関係のない人物でも、テロや国家安全保障と無関係な人でも、つまりはアル＝カイーダとは無関係な人でも監視できるというさらに改悪された法律であった。

拷問に関しても、アル＝カイーダのメンバーからさらなる攻撃の情報を探るためであれば是とされた。司法局の法制意見室（The Department of Justice's Office of Legal Counsel）はCIAを「連邦拷問規定（Federal Toruture Statute)」の適用除外としたのである。[51]

84 保守主義者バットマン

ノーランの映画が描こうとしたのは、このような倫理的に曖昧なアメリカ政府の施策そのものだったのだという指摘がある。その結果、バットマンは見ようによっては、きわめて保守主義的な暴力をふるう人物と映りもする。

たとえば、『ビギンズ』で、バットマンは腐敗した刑事をビルから吊り下げるし、『ダークナイト』では、ギャングのボス、サルヴァトーレ・マローニを非常階段から落として足の骨を折る。またジョーカーに対しては、暴力をふるって尋問をおこなう。デントがジョーカーの手下に銃を突きつける場面もある。バットマンがラウを香港からアメリカに拉致した行為も、拷問をおこなう国に捕虜を引き渡す行為としての強制的犯人引き渡し(rendition)であると見なしうるし、TSPさながらに、バットマンがジョーカーの居場所を特定するために、ゴッサム・シティのすべての携帯電話を盗聴する場面まである。

また、『ダークナイト』のジョーカーが、市民たちが乗り込んだフェリーと、囚人たちを収容したフェリーの双方に爆弾を仕掛け、その起爆装置を相手の船に与える場面もまた示唆的である。ジョーカーは、相手の船を爆破するスイッチを押したほうが救われると告げるからである。これは読みようによっては、9・11に対する対応をめぐるアメリカの状況とぴったりリンクする。つまり、誰かが汚い仕事を引き受けねばならないと突きつけているようにもとれるからである。

『ライジング』もまた、階級闘争による市民革命を、バットマンが阻止する映画と読むことができる。この映画では、むしろ「悪役」であるはずのベインやキャットウーマンが、OWS（ウォール街を占拠せよ：Occupy Wall Street）ばりの左翼的現状批判を展開するのだから。ウォール街的資本主義に対する99％の怒りに満ちた抗議をベインが再現する。これに対しラストで危機に瀕したシステム全体を救う、資産家にして保守主義者の政治家ミット・ロムニーのような存在が、バットマンだといえなくもない。[52]

実際、この映画はきわめてあやうい両義性をはらんでいる。つまり、バットマンをアメリカ政府の擬人化として捉えた場合、果たして彼が政府による対テロ戦争を肯定しているのか、あるいは否定しているのかが、簡単には決められないように作られているからである。[53]

それゆえ、ノーランの三部作に関しては保革両サイドが、それぞれの立場で解釈すると

51——John Ip, op.cit., pp.217-222.
52——Joshua C. Feblowitz, op.cit., Chapter 2; John Ip, op.cit., p.21; Douglas Kellner, op.cit., p.167.
53——Christine Muller, op.cit., pp.744-6.

いうことが起こった。たとえば、ミステリー作家のアンドリュー・クラヴァン（Andrew Klavan）は、『ダークナイト』に関して、これはブッシュ政権の対テロ戦争を肯定するものであり、バットマンはブッシュであると語っているし、保守系雑誌「ナショナル・レヴュー」は、同作を過去二十五年で最高の「保守主義映画」のひとつであるとしている。[54]

委任状なしの盗聴、強制的犯人引き渡し、拷問や尋問などをおこなうバットマンを引き合いに出して、SF作家のクリスティン・キャスリン・ラッシュ（Kristine Kathryn Rusch）は、「ジョージ・ウォーカー・ブッシュ大統領は、長い歴史の間でもっともバットマンに近い存在」であると述べている。[55]

そういえば、『ダークナイト』のレストランの場面で、デントがバットマンをローマの執政官にたとえる場面がある。執政官とは、ローマ共和国が緊急時に対応するため、一時的に例外的権力を与えた存在である。法秩序が腐敗して機能不全なゴッサム・シティを古代ローマの緊急時にたとえ、その秩序を回復できるのは法の外で活動する自警主義者バットマンしかいないという意味にそれはとれる。これもまた、ブッシュの対テロ戦争肯定論につながるものなのかもしれない。[56]

けれども、それに対し、レイチェルがすかさず、その最後の人物はカエサルだったと述べていることを思い出さねばならないだろう。彼女は一人の人物に強い権力が集中することの危険性を指摘したのである。まさにこの映画は、両論併記のディベート映画のようにも見える。

両論併記という論旨に乗るならば、上述のような一見保守的な描写はすべて表面的な見方にすぎないという見解もある。たとえば、法学者のジョン・イップは、これらの行為は表面的にはそのように見せながら、内実ではむしろその無効性を印象づけるように描かれていると述べている。

たとえば、バットマンによるラウの誘拐が強制的犯人引き渡しに当たるかどうかという問題。合衆国政府は、テロリストの疑いをかけられた人物を秘密の場所でＣＩＡに拷問させた。しかし、ラウの誘拐は犯罪捜査を容易にするためだったのであり、拷問はおこなわれていないのだからそれには当たらないという。

さらに強制的自白のシーンも、たとえば人気テレビドラマ『24』などでは有効なものとして描かれているが、『ダークナイト』でバットマンに打ちのめされたジョーカーは、偽りの情報を提供し、結果的にバットマンにとって、もっともつらい結果へと導いたのでは

54――John Ip, op.cit, pp.214.
55――Joshua C. Feblowitz, op.cit., Chapter 2.
56――John Ip, op.cit., p.228.

なかったか。とすれば、この映画は、拷問の無効性をこそ際だたせていると解釈できる、とイップは述べている。

さらに、バットマンによる携帯電話監視システムも、TSPとは性格を異にするとする。なぜなら、バットマンはジョーカーたった一人だけをピンポイントで探しただけであり、しかも最初から一回しか使わないことを決めていたので、繰り返し使われる可能性はないからである。TSPを拡大適用する「外国情報監視法修正法案（FISA）」などと比べればその違いは確かに歴然としている。しかも、バットマンは、監視システムを使ってジョーカーの居場所を突き止めはしたものの、彼が捕虜を仲間に偽装して配置していることは見抜けなかった。その結果、捕虜がジョーカーの手下として撃たれるという事態を招いてしまい、多くの犠牲を出すことになってしまった。つまりこのエピソードは、逆にそういうシステムの限界を浮き彫りにしたものだったのだと見なすこともできる。[57]

こうしてみると、保守映画とも保守主義批判とも読めるノーランの描き方こそが、この映画の魅力だということになるのかもしれない。なぜなら、観客は常に「目覚めて」いなければならないからだ。この映画がほんとうに告げようとしていることを理解するには、能動的に見ることが要請されることになるからである。たえず、ひとつの見方に落ち着かない、いや落ち着かせないという動的な揺れこそが、この映画の魅力のひとつだといってもよいのではないだろうか。それは同時に、自らがなしてしまった対テロ戦争の倫理的正しさをめぐって揺れているアメリカ人の心性そのものの反映だということもできるだろう。

合衆国軍産複合体（USMIC）

謎めいた一匹狼。それが、これまでのバットマンのイメージだった。ところが、ノーランの映画に登場するバットマンは、戦車を操縦し、戦闘服のような分厚い鎧を身にまとい、私利私欲ではなく、きわめて政治的な目的をもった相手と戦う、超戦士である。つまり、そこには疑いようもなく「戦争」のイメージが刻印されている。そう、ノーランの三部作が常に念頭においているのはまさに「戦争」なのである。

では、それは誰との戦争なのだろうか？　テロリズムもまた戦争の一形態だとすれば、テロリストたちの標的は誰だったのだろうか？

ここで、ひとつ思い出しておくべきことがある。たとえば、イラク侵攻時に、米軍による拷問の事実が明るみに出たとき、ブッシュ政権は、それはイラクでの反乱を鎮めるため

57——Ibid., pp.215-6, 219-20, 229-30.

だと説明した。けれども、反乱が起こったのは侵攻が始まった後のことであった。つまりこれは本末転倒した物言いだったことになる。さらに、このイラク侵攻そのものが、イラクが「大量破壊兵器」を隠し持っているという理由によるものだったわけだが、戦争終結後そんなものは存在しなかったことが明らかになっている。ピューリッツァー賞受賞者であるアメリカの風刺画家マイク・ルコヴィッチ（Mike Luckovich）は、二〇一〇年に、廃墟となったイラクを去ろうとしているアメリカ人を描いた一コママンガを描いている（左ページの図版参照）。鏡を覗き込んだアメリカ人は、そこに映る自分の顔を見てこうつぶやくのである。

「やっと、大量破壊兵器（WMD）を見つけたぞ」

つまり、大量破壊兵器は、イラクが隠していたのではなく、そんな理由をでっち上げてイラクを破壊したアメリカのほうだったのだという意味である。[58]

それに、アル＝カイーダが悪い、9・11は史上最悪の犯罪であるというけれども、そもそもテロとは小国が大国の政治的圧力や違法行為を告発し、威嚇する手段だったのではなかっただろうか。とすれば、アル＝カイーダがテロに踏み切った背景にもなんらかの告発の意図があったことになる。そう、火のないところに煙は立たないのであり、理由もなくイスラム教徒が自爆テロをおこなって、アメリカの経済的覇権の象徴であるワールド・ト

58——Luckovich のこの風刺画は、以下のサイトで見ることができる。http://www.cartoonistgroup.com/subject/The-WMD-Comics-and-Cartoons-by-Mike+Luckovich's+Editorial+Cartoons.php.

レード・センターに突っ込んだり、軍事的世界支配の象徴であるペンタゴンに突っ込んだりはしないはずである。

そうなのだ。ついつい「犯罪」というイメージでテロリストを悪と見なし、大義をかかげて「戦争」をおこなう国家を善と見誤りがちなのだが、果たして本当にそうなのかということをもう一度問い直さねばならないのではないだろうか。

すなわち、ポスト9・11のスーパーヒーローたちにとって敵は誰だったのかということである。ここで浮上してくるのが、USMICと呼ばれるものである。これは、合衆国軍産複合体（United States Military Insudtrial Complex）と呼ばれるもののことである。

思い出してみよう。『キャプテン・アメリカ／ザ・ファースト・アベンジャー』（二〇一一年）において、ひ弱な青年スティーブ・ロジャースを愛国主義者の超戦士へと変容させたのは、政府直轄の戦略科学予備軍（SSR）に所属する科学者が開発した血清であったということを。

あるいは『ハルク』（二〇〇三年）の主人公の出自はどこにあっただろうか。科学者であったブルース・バナーもまた、まさに合衆国の軍産複合体のなかで怪物に変身したのであった。しかし、この超人兵器とでも呼ぶべきものを国家が操作することの不可能性が明らかになったとき、彼は追われる身となる。キャプテン・アメリカのように国家の利益にならないものは、逆に不用、あるは危険物と見なされるわけである。バナーはインドのスラム街に身を潜める。このスラム街でバナーは、柔術の師匠から怒りのコントロールを教わる。通常は危険の象徴であるスラム街が、バナーにとっては安心して隠れられる場所となる。けれどもやがて、このスラムもUSMICの襲撃を受ける。バナーを捕らえるという手前勝手な目的のために、スラム街の住民たちが圧倒的な軍事力による恐怖と服従を強いられるのである。これは、アフガンやイラクへと侵攻したアメリカの姿そのものを描いているとはいえないだろうか。

『アイアンマン』と『アバター』の対抗的愛国主義

『アイアンマン』の主人公トニー・スタークは、天才科学者にして巨大兵器産業の総帥であった。彼の信条は、強力な兵器の存在が平和のための抑止力となるというものであった。そのことを印象づける象徴的なエピソードとして、トニーの父が原爆製造にかかわったことが語られる。けれどもトニーは、新兵器のデモンストレーションに出かけたアフガニスタンで、自社の兵器が敵側にも使われていることを知る。つまり、自分が作った兵器が、自国のために戦う兵士を殺すためにも使われていたということである。これ以後、彼は兵器の製造を中止することを宣言するが、利益を優先するＣＥＯの裏切りにあい命をすら脅かされる。そんな中、彼は密かに開発したスーツを身にまとったアイアンマン（ＩＭ）となることで、自らがすべての戦争を抑止する究極の兵器となる。第一作のラスト、記者会見で「わたしがアイアンマンだ」と告白する場面は、その意味で軍産複合体への挑戦状となる。

『アイアンマン2』の冒頭、トニーは、「わたしが平和を私物化した」と語る。この結果、トニーは国家を敵に回すことになる。なぜなら、世界の警察を自認する合衆国政府にとって、平和を操作する力は「国家」のものでなければならないからだ。特に9・11後の合衆国の他者との関わり方には、その意志が濃厚に見てとれる。合衆国政府はトニーに対しＩＭ技術を提供するよう要請するが、トニーは、「わたしがＩＭだ。政府がわたしを手に入れることはできない」と拒む。比較政治学者のアンソニー・ペーター・スパナコス（Anthony Peter Spanakos）は、ジョルジョ・アガンベンに依拠しつつ、このことをトニーによる自律の要求であると読む。すなわち自分から自由や財産権といった根源的な「合衆国的価値」を剥奪しようとするＵＳＭＩＣあるいは合衆国政府による「例外状態」の宣言を拒絶したのである。例外状態とは、法や権利を宙吊りにして、特定の国家が自国のためだけの覇権状態を作り出している状態を指す。ここでトニーは、合衆国が他者や他国の根源的自由や、国家の正当性をなす権利を無視して覇権を主張することの無法性を突きつけているのである。それを、スパナコスは対抗的愛国主義 (Counter-patriotism) と呼ぶ。自国を愛するが故に、その国家が元の国家に戻ることを希求し、あえて抵抗の道を選ぶという態度のことである。

また『アイアンマン3』（二〇一三年）に登場する敵役アルドリッチ・キリアンが率いる企業「アドバンスト・アイデア・メカニックス（AIM）」もまた、軍産複合体のひとつである。しかも、キリアンは陰で架空のテロリスト、マンダリンを操っている。テロの脅威を煽り「永遠の脅威」を作り出す。この仕掛けによって彼は自社の兵器を安定的に売り続けることができるわけである。この点において、キリアンは、まさに軍産複合体のイデオロギーを典型的なかたちで体現しているといえる。こうした現状の中、この映画のラストでトニーが、自らのアイアンマンスーツを破壊し、一般人に戻ることは果たしてハッピーエンドと見なしてよいのだろうか？　軍産複合体に対する抑止力であったアイアンマンが不在になることは、政治的には現状の追認につながってしまうのではないか？　そんな疑問を残すエンディングであった。

『アバター』（二〇〇九年）もまた同様の文脈で読むことができる。この映画の主要な筋立では、自分の星の資源が枯渇したため、人類がほかの星を侵略し破壊するというものである。従来のSF映画では、侵略者は地球外からやってくる宇宙人であったが、今度は科学技術を進歩させた人類がその侵略者宇宙人と化すわけだ。日本では3D映像技術のことばかりが話題になった映画だったが、その政治的風刺はなかなかに辛辣なものだったわけである。

「ナヴィ（Na'vi）」と呼ばれる人々が暮らすその星には、「アンオブテイニウム（un-obtainium＝手に入れることができないもの、の意）」と呼ばれる資源があり、これこそ侵略宇宙人＝人類が求めるものである。ところが、このアンオブテイニウムは、ナヴィにとって精神的・社会的な支柱である「生命の樹」の中にあり、これを破壊しなければ入手できない。監督のジェームズ・キャメロン自身は、アンオブテイニウムとは、南アフリカのダイヤモンドであり、十九世紀のイギリスにとってのインドのお茶であり、二十世紀のアメリカにとっての石油であると説明している。ある特定の集団が、別の集団の祖先からの地にあるものを奪い取ることだというのである。

それを可能にするのがテクノロジーにおける優越なのであるが、ここにもひとつ皮肉な逆説が存在する。なぜなら、主人公ジェイク・スカリーは車椅子の水兵だからである。本来であれば、軍人としてもはや役に立たない存在なのである。

ところが、ナヴィに気取られぬように接近する手段として、ナヴィそっくりなアバター、すなわち分身の体に入り込む能力において優れていたために、彼はスパイとして送り込まれることになる。すなわちアバターに転移することによって、失った両足の力をとり戻すことになるわけだ。つまり、スカリーも、キャプテン・アメリカやハルク同様、軍産複合体によって作り出された兵器の一種だったということになる。

やがて、彼はナヴィの高貴な人間性に気づき、人間性を失ったのはむしろ自分たちだと気づく。ナヴィこそは合衆国軍産複合体の犠牲者なのだと。だから、彼はナヴィとともに合衆国軍に反旗を翻し、これを打ち倒す英雄となるのである。これもまた対抗的愛国心の物語と読むことができるだろう。

いずれにせよ、これらの映画で描かれていることは、最大の問題は国の外にあるのではないということ、合衆国政府あるいは軍産複合体こそが、最大の過誤の主体であるという問題意識である。

ノーラン三部作の政治的射程

アガンベンによれば、合衆国はグローバルな対テロ戦争を、合衆国が「主導権」をもち他の国家に介入できるという永久的な例外性を宣言するために利用している。また、ジャン・ボードリヤールはそのことを「アメリカがすべてのカードを握った」と表現している。その結果、他の者にルールを変えることが強制されることになった。新しいテロリズムは、目的そのものが単に規則を破壊することになってしまったというのである。「歴史と権力のすべてのたわむれはこの出来事（＝9・11）によって破壊された」というわけである。たとえば、合衆国軍は民間軍事会社であるブラックウォーターのような私的警備力に強く依存しているが、これひとつとってみても通常の説明は不可能である。「グローバルな例外状態」と、合衆国の例外空間への軍事的参加の中心には、まぎれもなく軍産複合体があるのである。[59]

とすれば、「あなたがたの救済は、われわれの土地から引き払い、われわれの石油や資源を奪うことをやめ、あなたがたの腐敗した、そして腐敗を促進する指導者を支持することをやめたときにのみ訪れるでしょう」というアイマン・ザワーヒリーの言葉は、先にあげた『ハルク』『アイアンマン』『アイアンマン2』『アバター』などの内容と響きあうことにはならないだろうか。アイマン・ザワーヒリーはまた、イラク、アフガニスタンにおける被疑者の抑留や、グアンタナモ湾における拷問の後で、中東の民主化を呼びかけるアメリカの態度を滑稽な芝居にすぎないとも述べている。[60]

さらにいえば、このような主張こそ、『ビギンズ』における影の軍団のそれだったのではなかっただろうか。ラーズ・アル・グールは、貪欲、不道徳にどっぷり浸かった社会を破壊することで文明の「バランスの回復」がなされると述べた。この主張は、西洋文化の不道徳を蔑視し、新しい世界秩序のために西洋の覇権を終わらせようとするイスラム過激派のそれときわめてよく似ているのだから。

また、インドのスラムを蹂躙《じゅうりん》し、アイアンマンの自律を破壊しようとし、ナヴィの生命の樹を破壊しようとする圧倒的な軍産複合体の力、合衆国の例外状態の力、すべてのカードを握った状態は、「敵の無力化」あるいは、すべての力を剝奪することだともいえる。そして、そのこともまたノーランの三部作で繰り返し描かれていたのではなかっただろうか。

まず、三作ともにテロリストの標的は特定の人物やモノではなく、ゴッサム・シティという都市である。ゴッサム市民は、爆撃、殺人、不必要な暴力に耐える存在として描かれるのであり、それはアメリカ政府を仮想敵としたものとも解釈できるが、むしろ侵略の暴

59——以上の議論は、Anthony Peter Spanakos, op.cit., lines, 233-436によっている。
60——al-Zahahri, "End attaks on Islam," op.cit.

力に耐えるアフガンやイラクの市民の精神性を描き出していると解釈できるのではないだろうか。[61]

バットマン自身もまた繰り返し力を剝奪されるのではなかったか。ジョーカーによって、デントとレイチェルの隠し場所を偽られたとき、二つの船に爆破装置をしかけられ、自らの力では何もできない状態におかれたとき、ベインによってすべての財力を奪われ、さらにはバットマンの仮面を破られ、脱出不可能な地下牢に陥れられたとき。そういえば、そもそもの映画の始まりが、地下の井戸に落ちて、その暗黒の中で無力をかみしめたことであり、バットマン誕生につながる契機もまた、親の暗殺者に対する復讐すらかなわないという無力感にあったのである。

ジョーカーによる次の言葉も意味深長である。「殺人とは選択することだ。お前はどちらかの命を選ばねばならない。友人である地方検事か、その男の顔を赤らめた花嫁候補か」。ジョーカーは、バットマンに「殺す」ことを要求したのだ。バットマンは「選ぶ」ことによってどちらかを「殺す」ことになるのである。また、リバティー号とスピリット号という二隻の船に爆弾を仕掛けるゲームもまた、「選ぶ」ことが「殺す」ことになるというものであった。[62]そして思い出すべきなのだ。対テロ戦争もまた「選ぶ」ことを強いたものだったことを。アフガンへ侵攻してアルカイダやタリバンを追い立てること、イラクへ侵攻して無辜《むこ》の民を爆撃すること、これらはすべて「選ぶ」ことによって「殺す」結果を産んだ行為だったということを。トゥーフェイスがコインに「選ぶ」ことをゆだね、すべてを偶然にゆだねたのは、「選ぶ」ことに苦しむアメリカ国民の精神性を表現したものだったとも読めるのではないだろうか。

ノーランの三部作は、ここまでの政治的射程を含み込んだ作品だったということができるのである。

61——Jillian Gilmer, op.cit., p.11.
62——Christine Muller, op.cit., lines, 840-3, 869-83.

第三章

敵はどこにいた（いる）のか？

104 バットマンの影

アル＝カイーダはアメリカの影であった。つまり、そもそもは一九八〇年代にソ連がアフガンに侵攻した際、これに対抗させるためにＣＩＡがイスラム義勇軍ムジャーヒディーンを武装させ、訓練したことがその起源となったからである。さらに背景を広く考えてみれば、第二次世界大戦後のイスラエル建国支援から、湾岸戦争時の米軍のサウジアラビア駐留にまで至る、アメリカのおこなった威圧的な行為がアル＝カイーダを産んだということでもある。一般に影が相似形をなすものであることを考えると、ある意味でアル＝カイーダはアメリカの分身であったということにもなる。

これに符号するかのように、文化研究者のマーク・ディパオロ（Marc Dipaolo）は、バットマンの敵は内臓的、つまり、言語化できない象徴的なかたちでバットマンとつながっている、つまり、彼らの多くはバットマン自身の暗い影なのであると述べている。[63]

そもそもの最初からバットマンの敵には、善悪の判断のきかない部分があった。たとえば、哲学者のランダル・M・ジェンセン（Randall M. Jensen）が指摘しているように、バットマンシリーズの敵の多くが精神病の患者であったことがあげられる。コミックシリーズでは、悪漢の多くは、ジェレミア・アーカムというサディスティックな医師が経営する犯罪的精神異常者のためのアーカム精神病院の出身者とされているからである。[64] ノーランの三部作もまた、善悪の判断を容易には許さないかたちで作られている。ラーズは確かにシステムの破壊を求めているが、腐敗した文明や道徳に対する彼の批判は、それなりに正鵠を射たものであるし、ジョーカーもまた、固定したシステムへのアナーキズム的な批判者という意義をもつ。たとえば、ジョーカーはバットマンに対してこう告げる。

　やつらは今はおまえを必要としている。でも必要としなくなればライ病患者のようにおまえを捨てるだろう。やつらの規則、やつらの倫理なんて悪い冗談なんだよ。

ジョーカーは、既存の法や道徳を、主体性を欠いた「悪い冗談」であると喝破してみせるのである。ベインはさらにそれを押し進め、新たな市民革命によるシステム改変を企てる存在である。極論すれば、これらの敵たちは、既存のシステムの欠陥に気づき、それを

63——Marc Dipaolo, *War, Politics and Superheroes: Ethics and Propaganda in Comics and Film*, Mcfarland & Co.,Inc. Pub. 2011, p.205.
64——Mark D. White & Robert Arp eds., *Batman and Philosophy: The Dark Knight of the Soul*, John Wiley, The Blackwell Philosophy and Pop Culture series, 2009.

改良しようとしている革命家だと捉えることもできるのである。もちろん、その手段が破壊や殺人であるからには、彼らがテロリストであることは否定しようがないところではある。けれども、従来のバットマンの敵が見せていたような富や権力への執着とはまったく無関係であるという意味では、やはりスーパーヒーローコミックの悪役像とは異質な存在となっているのである。[65]

対するバットマンはどうであろうか。彼は、必要悪としての暴力を肯定し、敵の居場所の特定のためなら携帯電話の盗聴すらいとわない。非合法という意味では、彼もまた敵と同類である。[66] シュレーゲルとハバーマンは、バットマンは犯罪者と非犯罪者の境界線を曖昧化し、「英雄的例外性の線を踏み外した」というヴァーモント大学の映画研究者トッド・マクゴーワン（Todd MacGowan）の指摘を引用している。[67] さらに、敵への威嚇を武器としている点からは、彼もまた恐怖を操るもの、すなわちテロリストであると見なすこともできる。

とすれば、この三部作は、テロリスト対テロリストの戦いを描いたものということができるし、その意味では恐怖を武器とするテロリストたちは、明らかにバットマンの影だということができるのである。

ダークナイトとは誰のことか？

ここでひとつ、タイトルに隠された問題について考えておかねばならない。すなわち、三部作のタイトルが、『バットマン・ビギンズ』『ダークナイト』『ダークナイト・ライジング』となっていることである。バットマン三部作と呼ばれてはいるものの、第二作と第三作のタイトルに登場するのは、バットマンではなくダークナイトなのはなぜだろうか。ここには、主人公が途中でなにやら別の存在に転化していることが暗示されている。

素直に理解するならば、それは第二作『ダークナイト』のラストで、デントの犯罪への責任を引き受けることによって法の外で活動する存在であった「自警者」バットマンが、「犯罪者」、すなわち法の内側の存在へと転化したことを指しているということになる。こ

65——Joshua C. Feblowitz, op.cit., Chapter1.

66——John Ip, op.cit., p.229.

67——Johannes Schlegel & Frank Habermann, "“You Took My Advice About Theatricality a Bit...Literally”: Theatricality and Cybernetics of Good and Evil in Batman Begins, Dark Knight, Spiderman, and X-men" in *The 21st Century Superhero*, lines, 692-5. 二人はまた、バットマンは演劇性を生み出す記号だとも述べている。つまり、これらの作品には純粋な悪がほぼ完璧に不在であり、演劇性というサブプロットと演劇的であることが入り混じっているという。つまり、怪物とヒーローの間には本質的な対立はなく、物語的な期待がそれを幻想させるだけなのだというのである（ines, 564-9）。

の時点で、彼の過去の「自警者」としての活動をも含めたすべてが非合法なものとなったわけである。もはや彼は、法秩序の外で自らの正義を行使する単独者、無法者、説明不可能な自警主義者としてのバットマンではなくなり、法体系の中で「悪」として定義づけられる存在へと転化したことになる。[68]

とはいえ、それはゴッサムの秩序を守るために、デントという汚れない法秩序の体現者のイメージを守るという高潔な自己犠牲精神に基づくものであった。だからこそ、彼は外面的には自ら汚名を背負った＝ダークな、けれどもその内実は気高い精神をもった騎士＝ナイトと呼ばれることになったというわけである。

実際、この後警察とバットマンは敵対関係に入る。警察はバットマンの自警行為を暴力的に抑圧しようとするし、彼を見れば銃撃するし、逮捕状まで用意することになるのだから。

けれども、果たしてそれだけだろうか。まず、わかりやすい例として第三作から見てみよう。この映画の中心は、バットマンよりもむしろ、悪役であったベインの正当性にあったという見方がある。つまり、彼がおこなおうとした「ゴッサム・シティにおける人民の共和国」という理想は、マンハッタンにおける「ウォール街を占拠せよ（ＯＷＳ）」運動に見られたプロレタリアートの蜂起という出来事をほのめかして描いているというわけである。

実際、この第三作では、悪役が既存の富と権力のシステムへの批判を繰り広げる。ベインが攻撃し、あるいはテロを起こすのは、富、特権、ウォール街、銀行、そして都市に対してである。ディケンズの『二都物語』を下敷きにしたと監督自らが語っているように、この映画ではニューヨークの凶悪犯解放がバスティーユ解放と重ね合わされており、市民たちはデマゴーグによって駆り立てられる衆愚として描かれている。この映画ではテロリズムが、革命的転覆の手段として描かれているともいえるのである。[69]また、宝石泥棒として登場するキャットウーマンもまた、自らをプロレタリアートとして規定しており、社会批判と自らの窃盗を結びつけて語る。

ところが、ウェイン／バットマンは、どうだろう。ウェインは、金持ちの博愛主義者として登場するミランダ・テイトとの恋愛に夢中になるばかりだし、もう一つの自我であるバットマンはベインを倒すことで彼が抱いていた革命の意志を挫き、核爆弾を街から離して自爆することによって腐敗したシステムを守るのではないだろうか。

そのように捉えたとき、もしかしたら、潜在的には、あるいは二重話法的なニュアンス

68——Michael Dudley, op.cit.
69——Douglas Kellner, op.cit., p.167.

で、この映画ではベインこそが、非合法の手段を用いつつも高潔な理想を追い求めるダークナイトなのではないかという疑念も生じてくる。そしてまた、この映画が『ダークナイト・ライジング』であることを考え合わせたとき、その疑いはある種の確信へと近づく。なぜなら、この映画で地下から昇ってくる＝ライズするのは、バットマンだけでなく、地下に本部を構えたベインでもあるからである。

さらに、テキサス大学の映画学者ランドルフ・ルイス（Randolph Lewis）の説を引くならば、ジョーカーは「反資本主義の文化攪乱者」ということになる。彼は「悪魔であるだけでなくポストモダンのメサイア」でもある。なぜなら「ブランドと規制とが魂を衰退させる後期資本主義の際だった権威性への激しい抗議者」だからである。これに対し、バットマンは、ルイスによれば「退屈」で「古くさい」「善意のテロリスト」でしかない。彼の自警主義はテロリストたちと程度の差があるだけで、同じ性格のものである。しかも、最後に彼は「勝つかもしれないが、究極には彼の喜びのない勝利は不満足な日常をもう一度回復するだけでしかない。究極には彼こそがゴッサムの真の悪漢である」ということにすらなる。[70]

とすれば二作目の『ダークナイト』もまた、ポストモダンのメサイアとしてのジョーカーが秘めた潜在的可能性を称揚するための映画だったということになりはしないだろうか。すなわち、汚れている（＝Darkだ）けれども、高潔な志をもった存在（＝Knightなの）はむしろジョーカーだということになりはしないだろうか。

かくして、バットマンとベイン、そしてジョーカーは、いずれもダークナイト足りうるという可能性において、互いに交換可能な分身のような存在となるのである。分身の主題はここでも健在なのだ。

苦しみの仮面

敵役がバットマンの影であることを証明する別の視点も存在する。すなわち、仮面の存在である。ラーズとタリアのアル・グール親娘、トゥーフェイスなどウェインの内面にとっての敵は仮面を被っていないが、バットマンの敵であるスケアクロウ、ジョーカー、ベインはそれぞれが自分の顔をマスクやメイクで変形させている。スケアクロウは、黄麻

70——Randolph Lewis, "The Dark Knight of American empire," *JUMP CUT: A REVIEW OF CONTEMPORARY MEDIA*, No.51, spring 2009, http://ejumpcut.org/archive/jc51.2009/DarkKnightBloch/index.html

布と呼ばれる頭陀袋用の布でできたカカシのマスクをかぶっていた。ジョーカーは基本的にはピエロのメイクなのだが、そのメイクは口元から耳まで走る裂けた傷跡を強調するように施された異様なものとなっている。つまりはおどろおどろしい顔を作り出すための、一種の仮面の役割を果たしているのである。また、ベインは、ガスマスクのような特殊な形状のマスクを装着している。映画の中で彼は「俺は何者でもなかった、このマスクを装着するまでは」と語っており、彼にとってのマスクの重要性がうかがわれる。

マスクを装着していないウェインに対しては、敵も同じく素顔で現れ、マスクをつけたバットマンに対しては、敵もやはりマスクやメーキャップで素顔を隠した姿で現れるという構図がなりたつ。バットマンの敵としてのラーズ・アル・グールが、影武者を仮面として被っていたことは、前章で述べたとおりである。マスクがはらむ意味については、後にもう少し詳しく考えることにしたいのだが、いずれにせよ、素顔と素顔、マスクとマスク（メーキャップ）という対比もまた、明らかに偶然の産物ではなく、むしろある種の鏡像、あるいは分身性をイメージさせるための設定だといえるのではないだろうか。

113 ジョーカーという「虚無」

三部作のなかでもっとも印象的な悪役を一人あげよといわれたら、おそらく多くの人がジョーカーを思い浮かべるだろう。

それほど、このキャラクターのイメージは鮮烈だったわけだが、それはしかしどこに由来するのだろうか。おそらく、それは彼がかいま見せる「虚無」のせいではないだろうか。

たとえば、『ビギンズ』のラーズや、『ライジング』のベインにはある種の倫理があり、目的がある。文明への批判があり、逆にいえばそれに対する理想がある。ところが、ジョーカーに関してはそれがない。

同じテロリストとしてくくられるものの、ラーズやベインのそれが、目的の遂行、あるいは理想の表現のための付随的手段であるのに対し、ジョーカーのそれはテロのためのテロである。混沌と破壊の種を撒くこと。それだけが彼がやろうとしていることである。つまり、彼のテロには目的も動機も見えてこない。その背後に見え隠れするのは、「虚無」だけなのだ。

ジョーカーがバットマンに向けて放つ「どうしてそんなに真面目なんだ（Why so serious?）」という台詞がそれを象徴している。あるいは「俺は混沌の使者だ（I'm an agent of chaos.)」という台詞が。[71]さらにいえば、「虚無」なのは彼の行為だけではない。彼自身もまた生きた「虚無」としてそこにある。彼はこの社会に居ながらにして居ない存在なのだ。

たとえば、彼のDNAはいかなる記録とも一致しないし、歯科記録もない。本名も、住所も、出自も不明だし、着ている服もありふれたものである。運転免許証ももたず、デパートで買い物もせず、歯医者にもかからない存在なのだ。映画のなかのほかのどの登場人物とも、あるいは観客のなかの誰とも異なっている。なぜなら、ジョーカーはこの社会のシステムに属さない存在なのだから。[72]居るのに居ない人間、それがジョーカーなのだ。

これはノーランが与えた新しい人物造形である。コミックで描かれるオリジナルのジョーカーは、元は、結婚すらしていたおりいやいや参加した犯罪で、仲間の裏切りにあい、バットマンに追いつめられてすべてを失った人物として描かれている。つまり、社会にしっかりと根を下ろした人物だったのである。読者には、彼が犯罪者となった理由も、虚無を抱えた理由も理解できる仕組みになっていた。それを下敷きにしたティム・バートン版のジョーカーには、だから謎がない。

ところが、ノーランはそうしたすべてを排除した。すべての意味に属さない人物としての、謎としてのジョーカーはかくして作り出されたのだ。そのことを象徴するのが、耳まで裂けた口の傷を巡ってなされる彼の物語だ。最初は、マフィアのボスのギャンボルに、父親の虐待の結果だと語り、次にはレイチェルに対し、自分でやったのだと語る。さらに、未完に終わったもののバットマンにも別の逸話を告げようとする。存在そのものどころか、顔の傷の意味すら特定不可能なのである。意味が空無化した彼の傷は、それゆえ意味にすがる人間にとっての恐怖の象徴となる。

あるいはここでもジョーカーはジョーカー（冗談を言う人）であるという意味にもとれる。リア王おつきのジョーカー同様、あらゆる真面目（serious）なことを嘲笑し、意味を蹴り飛ばす存在として彼はある。「狂気」を定義づけようとする伝統的な精神分析のパターンを嘲っているのだという見方もある。[73]

逆にいえば、彼は、この世界が秩序によって、あるいは意味によって支えられていると同時に縛られてもいるということを明るみに出す存在でもある。しかも彼はそのことに意識的ですらある。なぜなら、ジョーカーは自らを策士（schemer）だといい、バットマンにこう告げるのだから。世界は策謀の産物であり、作られた秩序の世界だ。そして、バッ

71——Joshua C. Feblowitz, op.cit., Chapter 1.
72——Jillian Gilmer, op.cit., p.29.
73——Johannes Schlegel & Frank Habermann, op.cit., lines, 663-5.

トマンはその作り物の秩序に従っているだけだ、と。[74]

そのことを彼はデントを使って証明してみせた。適切な後押しをすれば誰もが市民社会の仮面を脱ぎ捨てて、自由になれるのだと。トゥーフェイスとなったデントは気づいたのだ。自分の正義を実行するのに、社会の法に従う必要はないと。裁きを法ではなく偶然にまかせればよいのだと。だから彼はデントであったころには両面が表だったコインを裏表のあるコインに変える。実際にはコインの片面が焼けて黒くなったために、おのずと表裏ができたわけだが、いずれにせよそれはもはや両面が同一のコインではなくなったわけだ。両面とも表のコインが、偶然性の介入を排除する態度、すなわち法の必然に厳格に従う姿勢の表明だったとすれば、偶然への依存は、虚無につながる。生きるも死ぬも、生かすも殺すもなんの意味もないという虚無が、そこには大きく口を開いている。

そして、ジョーカーは、バットマンを誘う。おまえのルールを破ってトゥーフェイスのようにこっちへ来いと。そう、ジョーカーは明らかにバットマンに魅せられている。バットマンへの誘惑者となることで、初めて自分の存在に意味が与えられるとでもいうかのように。だから、彼はこういうのだ。「お前なしで俺に何ができるだろう。お前が俺を完成させるのだ」。この台詞は、物語への埋没を許さない。この言葉の意味を理解するために、観客は考えることを余儀なくされるからだ。物語の構造を俯瞰して捉え、そこで俎上にあげられているのが、自分たちの社会のシステムの人工性、仮設性であることに気づき、バットマンがその人工性、仮設性のなかの「正義」に依って立っている存在であるということ、そのことを露わにするためにジョーカーというキャラクターがここにいるのだということを理解せねばならなくなる。

その意味でジョーカーは、まさにジョーカーである。つまり、物語の枠組みのなかにすら収まらない。あるいは物語が物語であることを暴露し、その枠組みを壊そうとすらする存在なのだ。なぜなら、ジョーカーの登場によって、バットマンが依って立っていた「大きな物語」が完全に破壊されたのだから。「正義」と「悪」などという概念は完全に相対化されてしまう。そもそもすべては無意味、あるいは虚無だからである。ジョーカーが示すのは、虚無の巨大さである。彼がもたらす死や破壊は、具体的な虚無である。だから、ジョーカーの前ではバットマンが卑小な存在に見えすらするのではなかっただろうか。そしてついにジョーカーの虚無に呑み込まれたバットマンは、ゴードンの子供を救う際の不可抗力を装いつつも、ラストでトゥーフェイスを殺してしまうことになる。

こうしてすべてが虚無に染まる。バットマンがジョーカーを完成させたからである。

74——Ibid, lines, 672-4.

ジョーカーの誘いにのり、自分のルールであった「殺さない」を破ってしまったのだから。「不可抗力」というのも意味深長である。なぜなら、バットマンには殺す意図はなかったことになるのだから。つまり、トゥーフェイスと同様、バットマンは「偶然」トゥーフェイスを殺してしまったということになる。その意味で、バットマンもまたトゥーフェイスと同じ位相に身をおいたのだということができる。

かくして、バットマンはもはやバットマンではいられなくなった。これまで依拠してきた作り物の社会の「正義」を逸脱してしまったのだから。彼は作り物の社会の「敵」となったのだ。バットマンがダークナイトとなったのは、確かにデントの罪を引き受けたからでもあるけれども、同時に彼自身が自らが依ってきた社会のルールから逸脱してしまったからでもある。トゥーフェイスを殺した瞬間に、市民社会の「正義」を体現する存在であったバットマンは終わったのだ。かくしてダークナイトという呼称は、二重の意味をもつことになる。

そしてまた、それは本来ウェイン／バットマンが抱えていたものの発露であったともいえる。そもそもバットマンが誕生した背景には虚無があった。父と母のあっけない死、その殺人者のあっけない死。親の死をもたらした過誤も、殺人者への復讐も不可能な世界。正義のない世界。そもそもバットマンが法の外にいる自警者となったのは、そんな「正義」の無力性に絶望したからであった。ジョーカーの囁きは、最初からバットマンの内側にあったものだったのだ。ジョーカーとはだから、バットマンの内側から出てきた存在、ある意味でバットマンの分身であったということになる。

かくして、勝者はジョーカーとなる。しかし、ジョーカーに関する限りことはそう単純にはいかない。というのも彼は、勝者ではないからだ。勝者ですらない。勝ち負けという意味もまた彼にとっては無なのだから。思い出すべきなのだ。彼は道化師だということを。常に笑っている存在であるということを。それは、浮かれ騒ぎ（hilarious）、狂乱し（delirious）、嘲笑し（mocking）、冷笑する（sneering）笑いである。あらゆることを彼はただ笑い飛ばすのだ。グロテスクなその微笑みで。それゆえ『ダークナイト』を見終えた後に残るのは、警察に追われて逃げるバットマン、いやダークナイトの姿ではない。その背後に浮かび上がる、ジョーカーの哄笑なのである。

あやうい倫理の三角形

では、バットマンの内側に潜在していたジョーカーを抑え込んでいたものは何だったのか？　それは、バットマンの内側にあったそれとは対極のもの、すなわちデントであったのではなかっただろうか？

『ダークナイト』の人間関係は、たとえば、デント、ゴードン、バットマンという三人が構成する倫理の三角形によって理解することができる。[75] あくまでも法に則り正攻法で犯罪と戦おうとするホワイトナイトであるデントと、犯罪を撲滅するために、あえて法体系の外側に身をおく自警主義者バットマン。[76] 彼らは「すべての犯罪をゴッサム・シティから排除する」というおそらくは終わりのない目標において一致している。しかし、彼らの追求には終わりがない。彼らを駆り立てているのは義務論的な倫理観であるということになる。

これに対し、この映画では警察署長となっているゴードンは、結果が目的を正当化するという結果主義的な倫理観の持ち主である。つまり、法制度に対して真逆の方向を向いたデントとバットマンを、現実的な立場でつなぐ役割を果たしているのがゴードンであるということになる。このことを象徴するのが「バットライト」ということになるのだろう。あくまで法制度の中に身をおいているはずのゴードンが、その制度の内側から夜空に向かってコウモリのサインを投影する。そのときゴードンは、もう一つの力、法制度の外にある力の協力を要請することになるのだから。

いうまでもなく、これはかなり「あやうい」行為であるといえる。法を遵守すべき立場にあるものが、一方で無法者の協力を要請しているのだから。ここでも善悪の境目が曖昧になっているとともに、ゴードンという人間そのものが、「あやうさ」をあえて引き受ける清濁併せ呑む存在として、本来は相容れないはずのデントとバットマンをつなぐ結び目となっているのだということができる。だからこそ、ゴードンはジョーカーによる暗殺の対象となったのだし、トゥーフェイスもまたゴードンの息子を人質にとる。この結び目を切れば、バットマンは社会との接点を失うからである。

このように、この三角形にはそもそもあやうい部分がふくまれていたわけだ。しかしながら、法の側に身をおいているはずのデント自身もまた、実際にはかなり倫理的に曖昧な態度をとっている。ホワイトナイトと呼ぶのがためらわれるような部分を最初からもっていたのである。

たとえば、ジョーカーの部下に銃を突きつけて自白を要請する場面があった。このときは、バットマンが介入して、ジョーカーの部下たちは精神病質の者たちだから脅しても無駄だと諭すことで、デントが道徳性の則を越えてしまうことが防がれたのではなかっただ

75——Michael Dudley, op.cit.
76——この名称にも注意すべきだろう。Dark Knight の対義語は、素直に考えれば Knight of light となるはずである。日本語ではさも原語がそうであるかのごとく「光の騎士」と訳されて曖昧になっている。けれども、英語版で確認すると、やはりホワイトナイトなのである。正義の騎士は「白く」なければならないということなのだろうか？　黒人や有色人種ではこの役割はつとまらないとでもいうかのごとくではないだろうか？

ろうか。あるいは、バットマンを守るためとはいえ嘘をついた場面を想起すればよいだろう。つまり、デントはゴッサム・シティの秩序の維持には、自分の力だけではなくバットマンという違法な力が欠かせないことを強く認識していたことになる。事実、デント自身がそんなバットマンの力を利用する場面も存在する。それは、ラウが、香港に逃げ帰って法の力が及ばなくなったときのことである。自分が司る法による裁きに服させたいがために、香港からラウをゴッサム・シティへと誘拐してくるよう依頼するのは、誰あろうデントなのである。

デントの正義の実現にバットマンの力が欠かせないという事実。このことから必然的に導かれる結論は、ウェインが抱く願い、ゴッサムの秩序維持をホワイトナイトであるデントにすべて託して自分は引退するという願いは、そもそも不可能なものであるということである。また、この観点からは、「わたしがバットマンだ」というデントの発言はさらに別の意味を帯びすらする。すなわち、デントはデントであると同時にバットマンでもありたいと心の底では願っていたという可能性である。自分の理想の実現、すなわちすべての犯罪の撲滅のためには、両方の側面を併せ持たねばならないということを、デント自身が本当は了解していたということである。そう考えると、レストランでの会話の中でバットマンをローマの執政官にたとえたとき、デントは真にバットマンにすがりたいという願いを抱いていたのだということもできるかもしれない。

そもそも「あやうい」ものであったがために、この三角形はあえなく崩壊する。デントはトゥーフェイスへと堕落し、それを殺したバットマンはホワイトナイトのネガとしてのダークナイトと化すのだから。

それはなぜか？と問うたとき、もうひとつの三角形が浮かび上がってはこないだろうか？　すなわち、デント、バットマン、そしてジョーカーからなるそれである。

先の三角形の象徴はバットライトであった。それは、法秩序とその外側との境界線を強引につなぐ、一本の線、夜空に引かれる一本の結び目であった。これに対し、もう一つの三角形の象徴は、デントのもつコインである。コインの表は法、秩序、市民社会、生命などを表し、焼け焦げることでできた裏側は無法、無秩序、市民社会の破壊、そして死を意味する。当然、表側がデント、裏側がジョーカーである。とすれば、このときバットマンはどこにいるのか？　ゴードンがいた立ち位置を考えれば、答えはその中間である。コインの表と裏をつなぐ部分、両方の要素をはらみつつ、両方に引き裂かれそうになりながら、かろうじてバランスを保っている部分、それがバットマンなのではなかっただろうか。

レイチェルを失い、自らの顔の半分がケロイドで焼きただれるときまで、デントのもっていたコインには裏がなかった。つまり両面表のコインだったわけで、そこにはジョーカーが入り込む余地はなかった。

けれども、ジョーカーのほんのささやかな囁きで、デントはトゥーフェイスとなる。それは、そもそもデントのなかに「法の無力性」への苛立ちがあり、法を破りたいという憧れがあったからこそ起こりえたことなのではなかっただろうか。右半分にはホワイトナイトとしてのデントの顔を残しながら、左半分は焼けただれた殺人鬼の顔となったトゥーフェイス。それは、コインの両面を、はっきりと顔面に表した姿である。デントは一見ジョーカーの対概念と見えた。しかしながら、それはたやすく反転するコインでしかなかったということである。

そして、この両者の間に引き裂かれていたのが、無法者でありながら法に期待し、市民社会の外側に位置しながら市民社会を守ろうとし、死を象徴するコウモリの姿をしながら殺すことを拒むバットマンであるということになる。最終的にバットマンがデントを殺し、それでいて、市民社会に対してコインの表としてのデントを示すために、自らがコインの裏を引き受けてダークナイトとなったことは繰り返す必要もないだろう。いずれにせよ、デントを殺した時点でバットマンもまたジョーカーに敗れたのであり、ダークナイトにしかなりようがなかったのはむろんのことであるが。そう、映画のラストでコインは完全に裏返ったのである。その反対側には表の顔があると市民社会には思わせていたわけだが、実際にはそのコインは両面とも裏になっていたというのが妥当な解釈ではないだろうか？

システムの矛盾：国家的イデオロギー装置

ここでもっと本質的な問題を考えておく必要があるだろう。そもそも、法を守るとはどういう意味なのかということである。

たとえば、『ビギンズ』でバットマンが腐敗警官を宙吊りにする場面、『ダークナイト』でギャングのボス、マローニを投げ落として足の骨を折る場面などを見て、われわれはどう感じるだろうか。むろん、それが悪漢への罰であり、あるいは巨悪を倒すための情報を得る手段だということは理解できる。しかし、同時にそんな行為をするバットマンにわれわれは「違法行為だ」「間違ったことをしている」「こんなことをすべきではない」と感じもするだろう。つまり、彼の行為を許容することはできないと感じるのではないだろうか。

けれども、もしかしたらこれはわれわれがある種のイデオロギーによる操作を受けている結果なのかもしれないのである。

ジリアン・ギルマーは、この三部作をルイ・アルチュセールのイデオロギー的国家装置と抑圧的国家装置という概念を手がかりに読み解こうとしている。イデオロギー的国家装置（ISA）とは、市民を抑圧し強制的に組織化する機構のことを指すのだが、それは決しておどろおどろしい姿をしたものではない。宗教、教育、家族、法体系、政治システム、文化全般など、社会を構成するごく当たり前の要素のことである。とはいえ、その背後には一党独裁的な政党や指導者、あるいは力のある企業がその操り手として見え隠れしていたりもする。たとえば何世紀にもわたって権力を維持してきたカトリック教会、世界経済を牛耳るグローバル多国籍複合企業などがその典型例であるが、そこまで巨大な存在でなくとも、政府や大企業はすべてこのイデオロギー的国家装置に荷担していると見なすことができる。[77]

そして、その支配は決して暴力や威嚇を通してなされるものではない。アルチュセールによれば、警察官に「おい、そこの君」と呼びかけられるとき、個人は呼びかけられたのがほかならぬ自分であると気づき、そう気づくことで喜びを覚えるという。そして、この呼びかけを受け入れ、これに応じることで個人は、主体となる。これが、審問と呼ばれるプロセスである。呼びかけるのはなにも警官でなくてもよい。教室で出席をとる教員であっても、順番待ちの患者を呼ぶ看護師や医師であってもかまわない。あるいは、子供の名を呼ぶ親すらもこの呼びかけをおこなっているといえるだろう。いずれにせよ、この審問のプロセスを通して、主体は自分をとりまく支配的イデオロギーを喜んで受け入れるようになるのである。[78]

こうして支配的イデオロギーは、もはや空気のようなもの、当たり前のものとなる。審問には始まりも終わりもない。常にそこにあるのである。それは思考様式そのものとなる。その思考様式のなかに生まれ落ちると、もはやそこから抜け出ることはできなくなる。このことをアルチュセールは、「個人は常に—すでに主体である（Individuals are always-already subjects）」と述べている。審問される者が、次には審問者となるというかたちで、審問の概念は本質的に循環的なものである。だから、望もうと望むまいと、われわれは社会の内部に固着され、ひとたび固着された社会から自分を分離することは不可能となる。[79]

これが、思考様式そのものとなるがために疑うことができなくなるイデオロギー、すなわちイデオロギー的国家装置なのである。バットマンが拷問や盗聴などの違法な手段で敵と戦う姿を見て、違和感や受け入れがたさを感じるとき、われわれは明らかにイデオロギー装置の内部にいるのである。

77——Jillian Gilmer, op.cit., p.13.
78——Ibid., p.25.
79——Ibid., pp.25-6.

アルチュセールが提起するもうひとつの概念である抑圧的国家装置（ＲＳＡｓ）は、暴力を伴う国家装置である。具体的には警察権力や軍隊がこれに当たるだろう。同じく暴力を伴う装置であってもマフィアはＲＳＡｓではない。なぜなら、マフィアは国家の一部ではないからである。映画で描かれるマフィアにはメンバーが従うべき規則があるように見えるが、それは警察権力の模倣であり、ＲＳＡｓの模倣である。[80] つまり、マフィアすらもＲＳＡｓの存在を前提とし、その影として初めて存在しうるものなのである。

アルチュセールによれば、純粋なＩＳＡやＲＳＡｓが存在するわけではなく、この両者は常になんらかのかたちで絡まりあっている。

「殺さない」という「一つのルール」

ではＩＳＡやＲＳＡｓとの関係において、バットマンとは何なのだろうか？

ブルース・ウェインは、ウェイン財団という社会を構成する組織の長である。だから、彼はウェインである限り、ＩＳＡの内側で行動せねばならない。拷問をおこなったり、仮面を被って行動したり、許可なく個人の住居に侵入したり、「あなたには黙秘の権利がある」といったような「権利の告知」なしに敵を捕らえることはできない。

だから、彼はバットマンになった。つまり、ＩＳＡの外に出るために彼はバットマンとなったのである。たとえば、そもそも『ビギンズ』において若きウェインが放浪の旅に出たのは、なぜだっただろう。それは、既存の社会の制度、イデオロギーに違和感を覚えたからではなかっただろうか。なぜなら、その社会は、自分の親を殺した殺人犯を釈放し、しかも釈放されたその殺人犯を、ギャングたちに殺させてしまうような不徹底な正義しかもっていないからだった。つまり、このシステムは不完全であり、システムの内部でシステムの問題を解決することができないのである。だから、ウェインはシステムを守るためにシステムの外に出た。すなわち、既存の法秩序に従わない自警主義者バットマンとなったのである。[81]

けれども、それは完全な自由ではない。なぜなら、バットマンにはまだ「一つのルール（One rule）」が残っているからである。すなわち「殺さない」というルールが。それに彼にはラーズに批判された「他者への共感」もある。『ビギンズ』において、倒壊した建物の下敷きになりかけた敵、アンリ・デュカールを救ったウェインの行為にそれが見られ

80——Ibid., pp.15-6.
81——Jillian Gilmer, op.cit., p.13; Slavoj Žižek, op.cit.

る。実はデュカールこそがラーズ・アル・グールだったということを考えると、後にゴッサム・シティを危機に陥れることにつながったのは、まさに彼の「他者への共感」だったということになる。このようにＩＳＡのイデオロギーを捨て切れていないことが、本来ＩＳＡの外に出て、ＩＳＡでは不可能なことをなそうとしたはずのバットマンが抱える矛盾となる。『ダークナイト』の一場面を思い出そう。[82]

追跡中のジョーカーを撥ね殺しそうになったバットマンは、ジョーカーを撥ねることを避けようとしたがためにオートバイの上で旋回して転倒し、自分が傷つくことになる。『ビギンズ』で、救われたデュカールが、ウェインに向かって「それがお前の弱さだ」と嘲ったように、ジョーカーもまた勝ち誇ると同時にむかつきながら、意識を失ったバットマンに近づく。ジョーカーには、なぜバットマンが、自分の倫理のために命を犠牲にしようとするのかが理解できないのだ。

大企業の総帥であるブルース・ウェインは、社会を支配する法だけではなく、その背後にある国家的イデオロギー装置からも自由になるためにバットマンになった。それなのに、なぜいまだにその規則に縛られているのか？　それがジョーカーには理解できないのである。さらにいえば、バットマンが固執する「正義」もまた、ジョーカーから見れば、お仕着せの作り物のイデオロギー装置にすぎない。

だからジョーカーは、バットマンに「一つのルール」を破らせようとするのだ。その意味では、ジョーカーは、確かにバットマンを真に「自由」にしたいと願っていたともいえる。けれども、その自由にはなんのイデオロギーもない。あるのは無意味な混沌だけなのだけれども。トゥーフェイスが偶然に頼るしかなくなったのもむべなるかなである。国家的イデオロギー装置の中で生きてきた、あるいは思考してきた人間がそこから完全に出てしまうと、そこには依って立つべき価値も倫理も存在しないのだから。ＩＳＡのなかに生きてきた人間には、文字どおり外部がないのだ。

そして、バットマンもまたこの無間《むげん》地獄に落ちることになる。あたかもバットマンに語りかけ、呼び掛けるジョーカーが、別のイデオロギー装置を持ち込み、それに絡め取られてしまったかのように。結果、バットマンはジョーカーの願いどおりに「一つのルール」を破ってしまう。

そもそも、『ダークナイト』では終始、バットマンは主導権を奪われている。たとえば、ジョエル・シュマッカー監督の『バットマン・フォーエヴァー』（一九九五年）のバットマンは、敵役リドラーが示した選択肢を拒絶し、二人の捕虜をどちらも救出してみせた。と

82――Jillian Gilmer, op.cit., p.28.

ころが、『ダークナイト』では、ジョーカーのシナリオどおりにプレイすることを余儀なくされている。最終的に、ジョーカーの嘘に翻弄され、二人の捕虜のうち、本当に助けたかった恋人レイチェルを救うことができなくなる。そればかりか、救ったはずのデントがトゥーフェイスへと堕落することで、彼すらもほんとうには救えなかったことが明らかになる。伝統的にバットマンに割り振られてきたルールの支配者の役割はジョーカーに奪われ、物語の期待が構成する英雄と悪役の対称性も逆転してしまう。そして、最終的に、トゥーフェイスを殺してしまうことによって、自らに課した最後の倫理的規範を破ってしまう。[83] かくして、バットマンはＩＳＡの敵となり、その暴力的側面であるＲＳＡｓを体現する警察権力に追われる存在となる。

これまでアメリカのスーパーヒーローが遵守してきた文化的貴種流離譚の神話が、ここにおいて完全に崩壊してしまったことをこれは意味している。西部の乱れた秩序を守るさすらいのガンマンは、捕らわれの美女を救出し、敵を倒すことによって社会の秩序を回復した。けれどもここに至って、バットマンは、美女の救出に失敗して彼女を死なせてしまい、殺人を犯すことによって社会からすらも容認されない存在となってしまうのだから。

国家的イデオロギー装置に抗して

ノーランの三部作には、この国家的イデオロギー装置への抵抗（と見なしうるもの？）がいくつか描かれている。ここではその内の、バットマンの自警主義、ジョーカーが仕掛けた囚人のアポリアに対する市民の態度、そして「ウォール街を占拠せよ（ＯＷＳ）」的な市民運動の三つを例として取り上げてみたい。

まず、バットマンの自警主義というものの性格について考えてみたい。古典的な研究であるマックスウェル・ブラウン（Maxwell Brown）の『暴力の系譜：アメリカにおける暴力と自警主義の歴史的研究（Strain of Violence: historical studies of American violence and vigilantism）』が述べているように、自警主義の歴史とは暴力の歴史に他ならない。十九世紀、ゴールドラッシュ以降無政府状態であったアメリカ西部において、強盗や性犯罪者や殺人者を罰したのが、正義の名のもとに結成された自警団であった。ブラウンは「自警主義は典型的にアメリカ的な問題への反応として登場した。すなわちフロンティアにおける効果的な法や秩序の不在である」と書いている。[84] 同時に、フロンティアの神話に登場する

83——Jillian Gilmer, op.cit., p.42; Joshua C. Feblowitz, op.cit., Chapter 2.

孤独な英雄もまた自警主義者であった。アメリカの神話的な英雄は、すべて自警主義者なのである。

けれども同時に南北戦争後の一八六五年に、テネシー州で南部の退役軍人たちによって結成されたクー・クラックス・クランもまた自警団であったことを忘れてはならないだろう。人種差別的な暴力もまた自警主義のものだったのである。そして、自警団が行使する暴力はリンチと呼ばれる私刑であった。自警主義と切っても切れない関係にあったアメリカの歴史は、だから、暴力の歴史なのでもあり、現在の世界でのアメリカの立ち位置もその意味では自警主義の延長線上にあるといえるのではないだろうか。ブラウンは、ウォーターゲート事件の背後にも、CIAによる政治的工作活動の背後にも、同様の自警主義的価値観を読みとっている。[85]

バットマンもだから例外ではない。ノーランの三部作に登場するバットマンは、野蛮で暗い正義の体現者である。イデオロギー的国家装置が「正しい」とわれわれに教える正義と、それは大きく隔たったものとなっている。それでもバットマンが自警主義者として社会に容認されていたのはなぜだろうか?

そもそも自警主義とは、国家のような暴力を伴う刑罰の力をもった主権権力システムが存在しない、あるいは未成熟な場合に、自らを守るために独自の秩序を打ち立てることではなかっただろうか。「法を自らの手中におさめること」が自警主義であるとブラウンは書いている。[86] とすれば、すでに国民国家という主権権力システムが形成された後の時代において、自警主義は既存のシステムとは相容れないものだということになる。となると、バットマンがやろうとしていることは、システムの外にいながら、システムの秩序を回復しようとする試みということにならないだろうか。システムの内側にいる者から見れば、法の外にはみ出し、社会の要請に従わないでいる人間が、社会の秩序を守ろうとしていることになる。あるいはシステムのない社会を唱導する者が、システムの存続を図ろうとしていることになる。その意味で、バットマンの試みは本質的に矛盾したものなのだ。[87]

それでもバットマンが「正義の味方」として、社会に受け入れられてきた理由は何だろうか？　そこで思い出されるのが、バットマンの「一つのルール」であり、彼の倫理観である。たとえば、開拓時代の西部やＫＫＫの自警主義もまた、暴力に依って立つものであった。ただ、彼らは最終的には暴力の対象を殺すことすら善しとしていた。これは、先

84——Maxwell Brown, *Strain of Violence: historical studies of American violence and vigilantism*, OUP, 1975, p.23.
85——Ibid., p.94.
86——Ibid., p.23.
87——Jillian Gilmer, op.cit., p.18.

に見た「例外状態」と通じるものではないだろうか。フーコーは「長いあいだ、主権権力の特権的特徴の一つは、生殺与奪権だった」と書いている。[88] つまり、伝統的な自警主義の特徴は、生殺与奪の権利を伴う疑似社会システムの樹立だったのだ。

これに対しバットマンはその生殺与奪の権利を放棄する。同時に、「共感」という、システムの内部のものである倫理をも維持しようとする。つまり、先に見たようにバットマンはまさに「コウモリ」なのである。システムの外に出ながら、それでもシステムの「国家権力以外の者が殺してはならない」という原則を維持している。システムの外に出ながら、ラーズ・アル・グールのように「共感」を弱さとして排除したりはしない。あくまで、システムの要請に従っているのである。それは、システムの外に出ようとしても、ＩＳＡのイデオロギーからは自由になれないということの証拠であるようにも見える。

だからバットマンは完全な自警主義者ではなく、中途半端な自警主義者なのだ。そして、その中途半端さは、システムから完全に離脱していないことから帰結している。哺乳類であり鳥類でもあるというその両義性が、ある種の自由の体現とも見え、システムの不十分な部分の補完者とも見えるがゆえに憧れられ、あるいは許容されてきたのではなかっただろうか。ゴードン警部補、あるいは署長がバットシグナルを使ってバットマンに協力を要請する、すなわちＲＳＡｓとバットマンとの協力体制というのもまた、この「一つのルール」の遵守の上でこそ、ぎりぎりのところで維持可能だったのである。

同時にまた、マフィアにとってバットマンが脅威だったのも同じ理由による。賄賂や脅迫などの手段によってマフィアは既存のシステムを手なずけている。つまり、システムの内部では、ある程度の安全の確保が可能であり、その安心感の上で賭博・売春・麻薬販売などの反社会的行為をおこなってきた。それは資本主義というシステムの経済原理に根差したものであり、富の最大化という意味ではシステムの目指す方向と同じ方向を向いていたともいえる。ところが、バットマンに対してはこの安心が得られない。なぜなら、バットマンは、システムのルールに従わないからである。ただ従わないだけなら無法者だから、取り込むこともできるもう一人の悪漢にすぎない。ところがバットマンは、ＲＳＡｓと協働する。システム内部のＲＳＡｓと理想だけは同じものをもった厄介な無法者なのだ。

その意味では、システムが掲げる正義に対するバットマンの反応も両義的だといえる。つまり、目的のための暴力を肯定するという意味では、システムの正義をバットマンは侮蔑しているといえるのであり、他方「殺さない」という部分では、システムの正義に従うことを欲求してもいるのだから。まさに彼は哺乳類でもあり、鳥類でもあるともいえる

88——ミシェル・フーコー著、渡辺守章訳『性の歴史I　知への意志』新潮社、一九八六年、一七二頁。

が、逆に哺乳類にもなりきれず、鳥類にもなりきれない中途半端な存在なのだともいえる。バットマンが選び取ったコウモリという表象は、まさに彼の存在の位相を言い当てたものだったということである。

そして、ついにトゥーフェイスを殺してしまった時点でバットマンは「一つのルール」を捨ててしまったことになる。システムから排除されるべき真の自警主義者となり、社会の敵となったのだといえるだろう。国家的イデオロギー装置を一方で軽蔑しつつ、他方でそれに従うことも欲しているというこの曖昧な立ち位置こそ、バットマンの特殊な存在の位相だったのである。その象徴が「一つのルール」だったわけで、ついに殺人を犯してしまった時点で、バットマンはシステムの内と外を自由に行き来できるコウモリではなくなった。システムの外へと完全に自らを締め出してしまったのだ。

最大の敵：市民

デントは、システムは間違っているから、不正と効果的に戦うためには、システムと直接対峙しこれを破壊せねばならないという。とすれば、もっともＩＳＡに忠実に見えたデントが、実は本心では、システムの限界を痛感しており、それを越え出たいと望んでいたことになる。つまり、デントのトゥーフェイス化は最初から予測できるものだったのである。潜在的な願望だったわけだから、確かにジョーカーは「ほんのひと押し」してやるだけでよかったのである。

もし、デントが、このようにシステムを破壊することでしか、真に不正をただすことはできないと信じていたとするならば、それを究極まで押し進めたのがベインだったとはいえないだろうか。[89]

表面的には彼はいかにも悪役に見える。なぜなら口元の隠蔽が特に強調された彼のマスクは、もっとも直接的には『羊たちの沈黙』のハンニバル・レクターを、さらには『スター・ウォーズ』のダース・ベイダーや『悪魔のいけにえ』のレザーフェイス、そして『十三日の金曜日』のジェイソンなどの図像学に基づいているからである。いずれ劣らぬ悪役たちのイメージが、ベインには重ね書きされているのであり、それは観客に予断を与えるに十分である。[90]

確かに彼は破壊活動をおこなうテロリストであるから、そのイメージはあながち間違っ

89——Slavoj Žižek, 'The politics of Batman,' "*New Statesman*," 2012.8.23, https://www.newstatesman.com/culture/culture/2012/08/slavoj-žižek-politics-batman.

90——Douglas Kellner, op.cit., p.166.

てはいない。けれども、彼の行動の背後にあるものを探っていくと、それはマスク同様、あくまで表面的な印象なのだということがわかる。マスクの下には、激しい痛みが、そしてあまりに深い愛が隠されているのだから。スラヴォイ・ジジェクは、「ニュー・ステーツマン」誌への寄稿記事においてベインをチェ・ゲバラになぞらえている。すなわち彼のやろうとしていることは革命なのであり、そのための暴力の背後には深い愛があるという。その愛のために彼は自己犠牲的にすべてを捧げている。完全なる無私の人なのだ。彼の愛は、タリア・アル・グールに向けられたものであり、父ラーズの遺志を継ごうとするタリアの行為を支えるためのものであった。むろん、ラーズの遺志とは、ゴッサム・シティの破壊であるが、彼はそれを階級闘争を通して達成しようとしたのである。[91]

つまり、結果としてベインは、『ビギンズ』におけるテロリストやギャング、『ダークナイト』におけるアナーキストのテロリストとはまったく異なる、そしてもっとも手強い敵を作り出した。すなわち、民衆の力である。ベインは、貧者を称え、金持ちに復讐せよと革命を呼びかける。自分の命令を押しつけるのではなく、自分たちが望めば望んだことができるのだと告げるのである。

そして破壊活動においても、ベインはきわめて象徴的な場所を選び取っている。たとえば、ニューヨーク株式市場を襲撃する場面があるが、これは疑いようもなくウォールストリートでおこなわれた1％運動を極端なかたちで表現したものである。そして、株の操作によって、ウェイン財団を壊滅させ、まずは経済的にウェインを無力化する。ここでわれわれは気づかされるのだ。ウェインが富裕層の最たるものであったこと、特権的階級に出自を持つ者だったということに。バットマンはISAからの逸脱者だという前に、すでにウェイン自身が経済的な「例外状態」にある人だった。最初からウェイン／バットマンは「例外」的な位置にいた。つまり、社会階層的には、彼は庶民の味方どころか、典型的な革命の敵だったのだ。

アメリカンフットボールの競技場を地下から破壊する場面は、退廃的かつ世俗的・宗教的なアメリカのスポーツフェチへの批判であり、あるいはマチスモ的な見せ物としてのメディアイベントに支配されているアメリカ社会への風刺であるともとれる。そして、ベインとその一味は競技場を地下から破壊する。すなわち下による上の転覆という、階級闘争のイメージそのものである。[92]

ベインの煽動に乗せられる市民たちは衆愚とも映るし、容赦のない処刑行動などはフラ

91——Slavoj Žižek, 'The politics of Batman,' op.cit.
92——Douglas Kellner, op.cit., pp.166-7.

ンス革命時の恐怖政治と重ね合わされてもいる。映画の観客には、民衆の愚かさ、権力を手にしたときの残虐さだけが印象に残り、結局彼らに自治の力などはないのだということを目の当たりにさせられるように感じる。

けれども、ここでもう一度考え直す必要がある。ベインのマスクのように、これもまた表層のイメージなのではないかということ。深層には別の顔が隠れているのではないかということである。たとえば、考えてみよう。この映画でゴッサム・シティを取り囲む米国軍の敵は誰なのかを。そう、明らかにそれは市民たちなのである。ＩＳＡがあるいはＲＳＡｓが市民を敵と判断した。つまり、革命思想という別のイデオロギーによって、市民たちが自分たちのＩＳＡから逸脱しようとしているのを、ＲＳＡｓの暴力の発動によって抑え込もうとしているのである。

とすれば、どうだろうか？　ここには「ウォール街を占拠せよ（ＯＷＳ）」運動の成功、あるいは勝利イメージが潜在しているとはいえないだろうか？　ＯＷＳ運動が権力をもち、マンハッタンに人民の民主主義を打ち立てたという、ありえたかもしれない現実のイメージが投影されていたとはいえないだろうか？[93]　ＩＳＡの支配に対し、抵抗運動がアナキストであるハキム・ベイ（Hakim Bay）のいうところのT.A.Z.（一時的自律ゾーン）を一時的に成功させた、そんなイメージをかいま見せることこそが、もしかしたらこの映画の眼目だったのかもしれないではないか。

だから、潜在的な可能性の夢につなげるならば、オーロラの映画劇場の銃撃犯はもう少し待つべきだった。第三部まできちんと見て、ジョーカーではなく、ベインに扮するべきだったのだ。そして、劇場内の人々を無秩序に処刑するのではなく、そこから新たな階級闘争を始発させるべきだったのだ。

変革の不可能性

けれども、むろんそれははかない一時的なものである。結局市民による革命は頓挫する、すべてを破壊するというアナーキズムもまた、バットマンという究極の保守主義者によって未然に防がれ、元通りの日常が、つまりＩＳＡに支配された社会が復活する。驚いたことに、政治的にはバットマンはノーランの三部作では、現状回復を究極の是とする保守主義者として振る舞うのである。

かくして、残念なことに、革命の夢を見はしても、最終的に市民は目覚めずに終わるこ

93――Slavoj Žižek, op.cit.

とになる。

そのことをもっとも明快に証しだてているのが、『ダークナイト』における囚人のジレンマである。『ダークナイト』の、デント、ウェイン、ナターシャ、レイチェルが顔をそろえたレストランでの会食の場面において、ナターシャが、

「ゴッサムは選ばれた役人を必要とするのよ。法より上に居ると思っているような人じゃなくてね」

というのに対し、デントは、

「誰がバットマンを任命した？　われわれだ。われわれがぼんやりしていて屑どもに街の支配権を握らせてしまったんだ」

と応じる。つまり、街の腐敗をもたらし、バットマンを必要とする状況を作ってしまったのは市民なのだという意見である。そして、そこには、超法規的な力に頼るのではなく、本来市民は自分の共同体の福祉のために責任を負うべきだという考えが含まれている。[94]

この部分は、多くの論者によってポスト9・11の政治状況を揶揄《やゆ》する表現であると解釈されている。つまり、恐怖から救ってやると称する指導者に、無批判に追随すべきではない。いまやゴッサム市民はわれわれなのであり、自分の内なる道徳性を見つめ直し、自分自身で判断すべきなのだということ。世界とは、個々人の倫理能力とヒューマニズムの共

同体なのであり、理解不能の悪を前にしても、それだけがわれわれにとっての道しるべとなるのだという意見である。[95] 旗印としては公正、正義の原理をかかげつつも、最終的には個々人が自分の人間性を取り戻すことが大切なのだというのが、デントの議論の主旨なのである。

そして、市民がそれを立派にやり遂げた、とされるのが『ダークナイト』のクライマックスともいえる囚人のジレンマのシーンであった。街を爆破するというジョーカーの「偽りの」脅しにおびえた市民は、港に停泊していた二隻のフェリーに乗り込んでゴッサム・シティを脱出しようとする。けれども、それこそがジョーカーの罠だった。デントとレイチェルを入れ替えた場面とこれは対をなす。ジョーカーはつねに欺く人でもある。コインの表裏にたとえるならば、ジョーカーが表というときそれは裏なのであり、裏だというときそれは表なのである。

フェリーが沖へ出たのを見計らって、ジョーカーは、さらに残酷な選択を突きつける。それら二隻のフェリーには爆弾が仕掛けられているということが判明するからである。再

94——Christine Muller, op.cit., lines. 824-8.
95——Michael Dudley, op.cit.

びコインの裏表が逆転する。そして、ジョーカーは告げるのだ。それぞれの船には、起爆装置がおいてある。それは、それぞれが相手の船を破壊するためのものである。そして、先にスイッチを押して相手を爆破したほうのフェリーは爆発を免れるだろう。ただし、午前零時までにどちらかの船が爆発しない場合は、ジョーカー自身がもっている起爆装置によって両方の船を爆破する、と。ここでも最後のカードを握り、ゲームを支配しているのはジョーカーである。

ジョーカーの意図は明らかだった。これもまたＩＳＡへの挑戦、あるいはその虚構性を露わにすることだった。極限状況に追い込まれれば、市民たちが従っているＩＳＡなどもろくも崩れ去り、「殺してはならない」という市民社会の基本原則もはかなく破られてしまうだろうという予測である。偽りの、偽善的な原理原則で構成された社会の本質を、ジョーカーはこのような手立てを通して暴きたてるつもりだったのだ。

ところが、最終的にどちらの船も相手の船を爆破することなく終わってしまう。ジョーカーは「近頃は誰もあてにならんな」と失望を露わにし、自ら両方の船を爆破しようとするが、バットマンにそれを阻まれるというのがおおまかな流れである。

ジョン・イップや映画評論家のマイケル・ダドリー（Michael Dudly）は、それまでジョーカーの読みどおり自己中心的かつ、脅えた羊のような群衆として描かれていたゴッサム市民が、この場面で内なる戦いに勝利した、すなわちＩＳＡを自らのものとして、自律する個の集合体としてついに立ち上がったことを意味すると解釈している。ダドリーなどは、『ダークナイト』はだから、偽りの指導者に無批判に追随したポスト９・11の対テロ戦争時の政治状況の終わりを描いたものだと読み取っている。そして、論の末尾をこのように結ぶのだ。「いまやわれわれがゴッサム市民なのだ」と。[96]

けれども果たしてそうなのだろうか？　二隻の船が互いを爆破しなかったのは事実であり、結果として確かにジョーカーの期待は裏切られたと見える。けれども、ノーランはもっと皮肉な視点を提供してはいないだろうか。

よく思い出してみよう。一隻の船には主として一般市民たちが乗り込んでいた。それに対しもう一方の船には主として囚人たちが乗せられていた。彼らの囚人服が、グアンタナモを思い出させるオレンジ色のものだった点には、さらなる皮肉が込められている。なぜなら、市民たちの船で自分がスイッチを押すと立ち上がった中産階級の白人男性は、囚人たちより自分たちにこそ生きる価値があるという口実を口にするからだ。

けれども、この男性は最終的にボタンを押せない。自分が責任をとること、チェイニー

96——Michael Dudley, op.cit.

—ブッシュが引き受けたような、必要悪としての暴力という口実を実行に移す勇気すらなかったということである。対テロ戦争もまた、通常のISAの枠組みを越え出た「例外状態」への移行であったが、この男性はつまりは一歩もISAの枠組みから踏み出せなかったということである。

一方、もう一隻の船では、誰もがスイッチを押すことをためらっていたところ、一人の黒人の囚人がそれを断固とした態度で手にとる。そして、そのまま押すのかと皆がかたずをのんで見守る中で、そのスイッチをあっけなく窓から海に投げ捨ててしまう。つまり、内なる強い倫理性、ISAの要請するものを積極的に実践してみせたのは、一般市民ではなく、グアンタナモの囚人に擬せられた、黒人男性であったということである。つまり、もっとも英雄的な行為をしたのはゴッサム市民ではなく、もっとも彼らによって貶められていた黒人／囚人であったという皮肉がここには強烈に込められている。

だから、「近頃は誰もあてにならんな」というジョーカーの台詞は、ここでもコインの裏表が逆転すると考えねばならないのだ。この台詞は、実験の失敗、市民への敗北に対する悔し紛れの言葉ではなかった。むしろ、ISAを越え出る勇気などどこにももたない衆愚への侮蔑の言葉だったのである。ゴッサム市民はジョーカーの突きつけたジレンマに直面することすらできなかったのだから。

このように、自警主義、ＯＷＳ、そして囚人のジレンマを通して見えてくるのは、ＩＳＡの支配力の強力さということである。そして、それに縛られているのは、ゴッサム市民だけではない、ダドリーの言葉を借りるならば、むしろ「いまやわれわれこそがゴッサム市民」なのだから。

149 銃撃犯がほんとうに撃ちたかったのは国家的イデオロギー装置

ここにおいて、第一章の終わりで提起した問い、すなわちオーロラ事件の背後に潜む意味が見えてくるように思われる。ジョーカーの扮装をして、ＯＷＳの革命性を示唆した映画の上映中に発砲したジェームズ・ホームズは、本当は何を撃ちたかったのだろうか、という問いへの答えである。

ジョーカーは、誰もが口にしないこの社会の仕組みを開示した。国家的イデオロギー装置（ＩＳＡ）によって心を縛られ、国家的抑圧装置（ＲＳＡｓ）という暴力装置による支配を受け入れることで初めて、我々は「国民」たりうるということ。それが何かを思考する際の大前提になっているために、誰もそれを疑わないということ。自警主義者として社会システムの外に踏み出しているはずのバットマンでさえも、「正義」「不殺」といったISAの構成要素を内面化しており、現実には資本主義と民主主義を擁護するRSAsの一部として機能しているということ。さらにいえば、殺人を厭わないという意味では、ISAの外部にいるように見えるものの、第一作の敵ラーズ・アル・グールも、第三作の敵ベインも、結局はISAの思考様式の枠組みの中にいるということ。資本主義社会や民主主義社会への「アンチ」という発想そのものが、いわば二項対立の図式にすぎず、ISAの中から出てくるものだからだ。そこには、外部がないのである。

つまり、真にこのISAからもRSAsからも自由で、二項対立の図式からも外れた「外部」にいるのは、ジョーカーだけだということになる。社会の要請に従って医学部でのPhd（博士）を取得して成功者となるというISA内部での夢が破れたホームズは、いわば「世界系」的な願望を抱いたということになるのではないか。自分の個人的な問題を、間にある社会をすっ飛ばして、世界＝ISAそのものの問題とつないでしまった。つまり、脱落者、失敗者としての自分を受け入れないような世界はなくなってしまえばいいと願ったのだ。

そのためには、変身の儀式が必要だった。つまり、ジョーカーにならねばならなかったのだ。だが、ごく普通の市民として生きてきたホームズにとって、それはかなわぬ願いだった。ジョーカーになるには、彼はあまりにも卑小だった。彼には名前があり、戸籍があり、親があり、学生証があり、自分の部屋があった。きっちりISAとRSAsの内側に居ついていたのだ。そこから身を引き剝がして、「外部」に飛び出し、世界を一気に変えることなど不可能なこと、つまり個人の問題と世界の問題を直結することなど不可能だということに気づくことができなかった。彼には、もはや「ジョーカーになる」という願望しか見えていなかったからである。

ほんもののジョーカーになることができなかったホームズは、姿ばかりをジョーカーに似せた。そして、なんの展望もない発砲行為で、無意味に人を殺しただけに終わった。その銃弾は、市民の身体を傷つけたが、ISAには届かなかった。彼にはISAの虚構性、つまり社会が「決まり事」で動いているという事実を告発する能力も、破壊する力もなかったというわけだ。

けれども、ひとつ確かなことは、夢破れたことで初めて、ホームズは、ジョーカーの示した世界の仕組みを理解したということ。そして、ジョーカーのようにISAの縛りから「自由になる」ことで、自分の未来を閉ざしてしまった社会に復讐したいと願ったということだ。

だから、こういえばいいのかもしれない。ホームズがほんとうに撃ちたかったものは、社会の仕組みそのもの、それを見えない形で支えているＩＳＡというイデオロギー装置だったのだ、と。

とはいえ、残念ながら、目に見えないものを銃で撃つことはできない。大人しく料金を支払って映画を見ている市民という、ＩＳＡの体現者たちを撃ったところで、その背後にあるイデオロギー装置はなんの痛手もこうむることはないのだから。ホームズは結局救われることなく終わったということになるだろう。

これに対し、ＩＳＡに縛られ、ＲＳＡｓの潜在的協力者にすぎない保守主義者バットマンは、ある鮮やかな方法で自己救済を果たす。その顛末を、最後に見ることにしよう。

第四章
壊れた英雄

1・井戸の怪物
ありふれた存在

地球人のふりをしている宇宙人、突然変異、実験室での事故、エイリアンとの遭遇、悪魔との取引等々、通常のスーパーヒーロー物語には、常に驚異に満ちた起源が用意されている。ところが、バットマンはどうだろう？　詰まるところ、いかに身体を鍛え、武術を習得し、ハイテク装備を身につけたところで、彼はあくまで人間である。そもそも自警行為そのものが違法なのだから、目的に善悪の違いこそあれ、やっていることも路上強盗と大差ないともいえる。バットマンの起源もまた、ゴッサム・シティから悪を一掃するという（たとえば、警察官を志す若者が胸に抱きそうな）ある意味平凡な誓いなのだ。

それは、驚異と平凡、SFとリアリズム、あるいは「他者」とただの人間との差だということもできるだろう。いずれにせよ、『マン・オブ・スティール』（二〇一三年）の主人公が、地球規模の危機を解決しようと奮闘するのに対し、バットマンが奮闘するのはあくまでゴッサム・シティという一つの都市の内部でだけである。

そもそも、バットマンは第二次世界大戦の開始を背景として、探偵と科学者のハイブリッドとして生み出された存在であった。そもそもの始めからありふれた存在でしかなかったのだ。[97]

変容するヒーロー

けれども、そんな平凡な存在でしかないバットマンが、これほど長い間ヒーローの一員として君臨し続けてくることができたのはどうしてだろう。これに関して『仮面を外したバットマン（Batman Unmasked）』の著者であるキングストン大学の映画研究者ウィリアム・ブルッカー（William Brooker）は、それはバットマンの変容可能性の賜物だと述べている。[98]

変容といえば、すぐに想起されるのは「声」だ。ウェインがごく普通のしゃべり方をするのに対し、バットマンは感情を押し殺したようなしゃがれた声を発する。それは、単なる演技だということもできるだろう。けれども、これはウェインであるときと、バットマンであるときとで、人格が変容していることの表現だと捉えることも可能なのである。身

97——Joshua C. Feblowitz, 'The Cultural Mythology of Superheroes.'
98——Ibid., "The problem with "Authenticity"'"

体的・精神的レベルで、バットマンはウェインとは違う存在へと変容しているという可能性がそこに示唆されている。[99]

けれども、ブルッカーが指摘するのは、もっと大きな文脈における変容である。ブルッカーは次のように述べている。

> 六十年以上にわたってバットマンが文化的アイコンとして生き残ったのは、時代とともに適応し変化する能力をもっていたからである。

つまり、バットマンは、それぞれの時代の要請にこたえて絶えず変容し再構築されてきた。結果として、多様な語りが生み出され、観客の期待に添い続けてきたというわけである。そして、今回ノーラン版において、バットマンは9・11の意味を発見するために再創造された。[100]

テロリズムを克服するために目的が手段を正当化することは許されるのか？　その過程で何か本質的なものが見失われたり置き換えられたりしていないか？　そんな問いに答えるべくバットマンは再構築されたということになる。

グレイなヒーロー

ノーラン版バットマンのもっとも際立った特徴は、その悪漢ぶりだともいえる。時に過酷、ときに戦闘的、そしてときには残酷ですらある。明らかに、正義の味方と呼ぶのがためらわれる存在となっている。だから、われわれは問わずにはいられない。彼は何のために戦っているのか？　彼が戦うそもそもの動機はなんだったのか？と。

ひと言で言うならばそれは、フェブロヴィッツが指摘するように、復讐心である。バットマンの動機は、常に復讐への欲望と複雑に絡まりあっている。たとえば、『ビギンズ』でウェインは次のように語る。

外には何もない。恐れるものは何もない、と聞かされた。けれど親が殺された夜に僕は何かをかいま見たんだ。それからずっとそれを探し続けた。世界中をさまよってすべての影の中を探った。闇の中には何かがあった。何か恐ろしいもの、復讐を果た

99——Brent Holmes, op.cit., p.2.
100——Joshua C. Feblowitz, “Epilogue: Battle Now with Monsters.”

すまでは止まらないものが。それは僕だった。(『ビギンズ』)

つまり、ウェインは復讐に取り憑かれているのである。そして、同じく復讐にかられたハムレットのように苦悩する。それは決して果たされることのない復讐であり、その意味では失敗を運命づけられている。なぜなら、彼の親を殺した犯人は、法によって罰せられることもなく釈放されてしまったからだ。さらに、それを知った少年ウェインが復讐を果たす前に、当の犯人はギャングによって殺されてしまったのだから。直接的な意味で彼はすでに復讐の対象を失っているのである。[101]

それでも、バットマンは自分のために、自分に必要なことをするしかない。つまりは復讐の身振りを。そしてその復讐の対象は見えないままなのだ。バットマンの苦悩はそこにある。フェブロヴィッツは、その復讐は単なるrevenge《リベンジ》ではなく、retribution《レトリビューション》であると述べている。たとえ、自分のために、自分に必要なことをしているのだとしても、それは個人的な復讐であるrevengeではなく、街のすべての悪を取り除く懲罰、すなわちより非-私的なretributionというかたちで実行されているという理由からである。とはいえ、そのretributionにもまた、そもそも根拠などない。つまり、バットマンの報復行為の結果として社会が守られ、これを脅かすものが葬られてはいるものの、それは偶然の産物であり付加価値なのであって、彼の行動の第一の理由ではないのである。[102]

さらに、もうひとつ問題がある。ジリアン・ギルマーはこう指摘するからだ。バットマンは明らかに自らの野蛮さを楽しんでいる、と。[103] とすれば、そこにはひとつの疑いが生じざるを得ない。もしかしたら、バットマンとは、正義の心に突き動かされる英雄などではないのではないか？　ただ復讐心から行動しているばかりか、その復讐の暴力から快楽を得すらしているのではないか？　という疑念である。なんということだろう。暴力を楽しむバットマンとは！　もしそれが事実だとすれば、その倒錯はどこに由来するのだろうか？

井戸の怪物

井戸の怪物と書いたが、これは誤植であって誤植ではない。なぜなら、ブルース・ウェインの無意識（＝イド）に住むことになる怪物、すなわちコウモリは、そもそも井戸に住

101——Jillian Gilmer, op.cit., pp.22-4.
102——Joshua C. Feblowitz, "White Knight, Dark Knight Failed Rescue, Troubled Morals and Mythe-Making: Batman's Troubled Morality."
103——Jillian Gilmer, op.cit., p.40.

んでいたのであり、そこからたち現れてくるからだ。バットマンとはコウモリ男であり、彼が幼少時代に落ちた井戸でコウモリに襲われて体験した恐怖を、そのまま外化したものである。それはすなわち、内なる怪物を外へと放出したものなのである。

バットマンは決して自己抑制の利いた理性的な人間ではない。むしろその逆で、衝動的で、攻撃的だ。そしてその根っこには激しい怒りがある。たとえば、『ダークナイト』において、ジョーカーがレイチェルをどこかに拉致したと知ったとき、バットマンの怒りのたががはずれ、彼は扉を椅子で固定して開かないように細工をしてから、ジョーカーを激しく罰しはじめる。また、夫が死んだと思ったゴードンの妻になじられたとき、バットマンは表面的には何も感じていないかに映る。けれども、その次のシーンで彼は突如マフィアのボスのファルコーネを襲い、彼を高みから突き落として足の骨を砕く。[104]

つまり、バットマン化とは、正義のための変身、あるいは偽装であるというより、むしろウェインにとっては怒りを解放するための文字どおり「動物化」なのである。実際、自己制御を失ったバットマンは、快楽原則に忠実な獣のように振る舞う。自らの動物に屈し、井戸の住人、あるいはイドの怪物を解き放つのである。[105]

法律や国家的イデオロギー装置は、本来そのような動物化や逸脱を許さないはずである。けれどもバットマンにはそれができる。なぜなら、彼はいまやブルース・ウェインではなく、正体不明の覆面の戦士なのだから。コスプレすることによって、ウェインは、法律や国家的イデオロギー装置の埒外《らちがい》の存在となれるわけだ。コウモリの仮面をかぶっている限り彼は自由である。なぜなら誰も彼がブルース・ウェインだとは気づかないからだ。つまり、解釈のしようによっては、ウェインは快楽原則に、すなわち暴力の衝動に身をゆだねるために、コウモリの姿をしているのだとも読むことができるのである。バットマン化とは、正義のためと映る行為をすることで、自らの暴力衝動、快楽の追求を正当化するための装いであった、と読むことすら可能になる。[106]

善悪の彼岸

このように読み解くとき、バットマンのグレイな行動はよりよく解釈できるようになる。つまり、暴力、違法な盗聴、誘拐などの違法行為を彼がおこなう理由に、別の光を当てることができるようになるわけだ。

104——Ibid., pp.38, 40.
105——Jillian Gilmer, op.cit., p.6.
106——Ibid.. p.40.

悪を倒すために悪が許されるのだというのが、バットマンの行動を是認するための理屈となるわけだが、実際には彼はただただ自分の快楽追求を正当化する口実をうまく見つけ出しているだけだ、というふうにも解釈できるわけである。一貫性に欠け、感情的で、時にはエゴ剝き出しになるバットマンの定義不能の性格は、理性的には定義不能のものだが、井戸の怪物との絶えざる戦いに耐え、時にはそれに負けて圧倒されている姿と捉えれば、納得がいくものとなるのではないだろうか。

これをアメリカの現実に喩えてみればどうなるだろう。悪をもって悪を征するバットマンは、「対テロ戦争」を掲げて、非合法な暗い暴力の側面へと足を踏み入れていった、ブッシュやチェイニーとみごとに重なるのではないか。そして、バットマンの本性が、悪をもって悪を征することではなく、ただ暴力の衝動に突き動かされているだけなのだとしたら、ブッシュやチェイニーへの見方もまた百八十度の転換を強いられることにはならないだろうか。[107]

だからこそ、ジョーカーはバットマンが好きなのだ。混沌の使者がジョーカーだとすれば、バットマンは法と秩序の側にいようとあがいている同類なのだ。「お前には俺を脅かすものは何もない、たとえおまえのすべての力をもってしても」とジョーカーが勝ち誇るのは、ジョーカーにはバットマンがほんとうは何を望んでいるのかがわかっているからなのだ。バットマンはジョーカーと同類なのであり、ただ、現時点では立っている場所が異なっているにすぎない。なにしろ、バットマンには暴力への衝動があり、そしてそれを快楽と感じる本性が秘められているのだから。そんなバットマンの欲望を解放し、彼を混沌の側に誘い込んだとき、ジョーカーの願望は成就する。[108]

だから、彼はバットマンに向かってこうささやく。

「おまえが俺を完成させるんだ（You complete me.）」

秩序と混沌の両方に足をかけて、コウモリのようにその両者のいいとこ取りをしようとしているバットマンを、混沌のほうへと引き寄せたとき、世界はみごとに二分される。コインの裏表のようにくっきりと分かれる。そして、バットマンはジョーカーの一部となる。もはやコウモリでなくなった彼には新しい名称が必要となる。すなわちそれが「暗い騎士《ダークナイト》」だというわけだ。

107——Douglas Kellner, op.cit., p165.
108——Chalres K. Bellinger, "The Joker is Satan and so are we: Girard and the Dark Knight." Journal of Religion and Film, vol 13. No.1, April, 2009, p.10.

2・仮面の酷薄
口の変容

よく見れば、バットマンの仮面は奇妙な作りになっている。顔を隠すための仮面なのに、口元だけは露出した状態になっているのだから。

このことに対して、ジョーカーは次のように揶揄しつつ問いかける。

「お前は恥をバッジのように身につけている。つけるべきポールがないからな。そうとも……自分を見てみろよ……怖がられようとして、怪物と見られようと無理して黒い服を着て……でも……お前は小さな窓を開けたままだぞ……完璧なものの下に何かのぞいている。確かに……彫りあげたようなハンサムだ……怪物の口や顔じゃない……どうしてそこだけ見えるようにしてるんだ。教えてくれないか」

確かに、それは中途半端な仮面なのだ。顔を隠したいのか隠したくないのか、それとも何か他の意図があるのかがよくわからない仕組みになっている。そして、ここで焦点化されるのは、口元が見えているということである。

なぜ、口元なのか？

そう思ってみると、確かにバットマンの敵の多くもまた口元を意識しているように思われる。『ビギンズ』に登場したスケアクロウは、頭陀袋でできた仮面の目の部分にだけ穴をあけている。口元は、現実の口とは程遠いぎざぎざした網目で表現されており、本来の口が別のおどろおどろしいイメージに変形されている。

『ダークナイト』のジョーカーは、クラウンの化粧で素顔を隠しているだけでなく、その化粧によって耳まで裂けた口元の傷をあえて強調している。ゴードン警部補の部下であるラミレス刑事は、「やつは顔を見せたくてしかたがないのよ」と指摘する。まさに、素顔に刻まれた凄絶な過去をイメージさせずにはおかない傷を、ジョーカーはメイキャップという仮面によってショーアップしているのである。しかもそれは、しかつめらしい顔ではなく、笑顔。笑っていられないはずのことをあえて笑う顔なのである。いつわりの笑顔の仮面だということもできるかもしれない。

さらに、『ライジング』のベインに至っては、口元を覆うマスクこそがアイデンティティの源となっている。バットマンとは逆に口だけを覆うマスクをつけているのだ。映画の冒頭、ベインは囚人の一人を装っている。その時点では無名の存在でしかないが、口元にマスクを装着したとたん、人に恐怖を抱かせるテロリスト殺人者へと変貌する。つまり、素顔を隠して無名性を得た途端に、逆に無名性から離脱するというパラドックスを実演してみせるのである。

実際、ベインにとってそのマスクはアイデンティティと切り離せないものである。過去に受けた傷の痛みを緩和するための麻酔ガスを、ベインは絶えずそのマスクから吸入することで力を保っているのであり、マスクを奪われた瞬間無力な存在と化すのだから。

なぜ、それほどにも口が意識されるのだろうか。おそらくそれは、西洋文化が発話の文化であることと関係があるのではないだろうか。たとえば、「光あれ」とか「空と水をわけよ」などと発話することによって神が世界を創造したというのが、宗教の根底にある文化なのである。語ることはアイデンティティそのものであり、そのための象徴的な器官が口なのである。

また、マスクや化粧で顔全面を包むことと、バットマンやベインのように一部を残すこととの違いもあるだろう。別のアイデンティティへの完全な移行を示すのがフルフェイスの仮面や化粧であり、同時にアイデンティティの二層が共存しているということを示すのが一部を覆う場合であると考えることができる。[109]

167

仮面：生成と非生成

とすれば、仮面（化粧）とは、別のアイデンティティを帯びるための手段であるということになるのかもしれない。

けれども、まずは仮面とは何かということを考えてみる必要があるだろう。仮面とは、仮の面、仮りにつける面である。本物の顔ではなく、その上に一時的につけられるものである。多くの場合それは動かない、つまり表情の変化を伴わないものであり、それゆえ仮面の下にある素顔の変化を反映することはない。逆にいえば、仮面はその表情の固定性ゆえに、ひとつのシンボルとなることができる。アイコン的な力を帯びることができるのである。

とすれば、バットマンの仮面は何を象徴していたことになるのだろうか？　オクラホマ州立大学で哲学を講じているクリストファー・M・ドロハン（Christopher M. Drohan）は「バットマンの衣装と道具は、彼の英雄的存在と、彼が代弁する形而上学的正義、すなわち最終的に地上に訪れる平和の王国を高らかに告げる」ものであると書いている。[110]　市民の

109――Brent Holmes, op.cit., p.1.

側から見ればそれは正しい。そして、バットマン自身もそのことに自覚的でもある。ウェインは、「シンボルとしてのぼくは古びることがない。永遠の存在となれるんだ」と語り、ゴッサム・シティの状況はあまりにもひどいので「彼らを無関心から揺さぶり起こすには」劇的なものが必要なんだ、とレイチェルに告げる。つまりウェインは、自分が人間以上の何か、理想を体現した何かにならなければ、人々を目覚めさせることはできないのだと自覚しているのである。[111]

同時にそれは、コウモリという彼の恐怖そのものを外面化したものであったことも重要である。それはすでに指摘したように、自己の「内なる」恐怖を外在化したものだからだ。つまり、今度は自らがコウモリとなって、敵を脅かす存在となったことを意味している。市民から見れば理想の体現であるコウモリの仮面は、対照的にギャングやテロリストのような敵にとっては、恐怖の象徴となるのである。

それだけではない。さらにそれは、ウェイン自身にとってもひとつの救いであった。ウェインはコウモリのシンボルを見つけるまでは幻滅した状態にあり、自分に不確かだった。バットマンのペルソナは、彼に新しい良心の感覚をもたらした。それは復讐心によって曇らされたものでも、他者の期待の重荷を背負ったものでも、何らかの単一の道徳的ヴィジョンに根ざすものでもなく、「自由と人間の潜在性の実現を告げるものだった」とヴィテルボ大学の哲学研究者ジェイソン・J・ハワード（Jason J. Howard）は書いている。ハワードによれば、人には「ヴィジョンの瞬間（moment of vision）」がある。そこではそれぞれがもつ最も深い謎が開示され、自分が誰であるのかが明らかにされる。この瞬間を得た者は、自分の課題を「状況への介入を通して」おこなうことになる。だからブルースは、コウモリのシンボルを「自分のために」取り入れることによって、自分の不安を開示し、自分の使命のために立ち上がったわけである。[112]

その不安とは何か？　ハワードは、これについて、それは死の受容だと述べている。ウェインには、両親の死に対する罪の意識があった。彼らを無意味に死なせてしまったという負い目である。けれども、その死を価値あるものにする方法をウェインは発見したのだ。すなわち、自らが死を受け入れ、死を賭して他者のために行動することで両親は報われるということに気づいたのである。つまり、他者のための行動のなかで死ぬとき、それは自己犠牲となるからだ。同時にそれは自己欺瞞的、あるいは冷笑的な生への抵抗でもあ

110――Christopher M. Drohan, "Alfred, the Darkknight of the Faith: Batman and Kierkegaard," in *Batman and Philosophy: The Dark Knight of the Soul*, John Wiley & Sons, 2008, lines 2962-5.
111――Jillian Gilmer, op.cit., p.24.
112――Jason J. Howard, "Dark Knight and the call of conscience," in *Batman and Philosophy*, op.cit., lines 315-6.

る。自分が死を象徴するペルソナをまとって行動することで、両親の死もまた自己犠牲的な他者のための意味ある死であった、と解釈し直すことができるからである。[113]

実存的選択

同じことを、実存主義的な側面から言い換えることも可能だろう。たとえば、キルケゴールは、生まれたとき「人はまだ自我ではない」という。つまり、人は最初何者でもないのである。だから、誰もが自分は何者なのか、世界と自分とはどういう関係にあるのかを知ろうとしてもがくことになる。ハイデッガーはこのことを、人が「そのままの存在(as it is)」として「投げ込まれてあること(Bing-in-the-world)」と表現している。いずれにせよ、環境や周囲の他者たちのただ中で、誰しもが自己を定義づけようとするのだが、もちろん正解が用意されているわけではない。だから、その状態は絶えざる不安として体験される。キルケゴールが「死に至る病」と呼ぶのはこの(実存的な)不安のことなのである。[114]

自分の存在(being〔英〕= sein〔独〕)がどこか(there〔英〕= da〔独〕)に確かにあるはずだと思いつつ、それがどこにあるのかわからず絶えざる不安の中にいるわれわれ人間のことを、それゆえハイデッガーは Dasein《ダーザイン》と呼んでいる。ところがそんな不安定な人間が、社会の中に投げ込まれたとたんに矛盾が生じてくる。なぜなら、社会の側はわれわれの実存が安定したものだという前提のもとで動いているからである。わかりやすい例をあげるならば、就職時の戸惑いがこれにあたる。中卒、高卒、大卒いずれで就職するにせよ、学校に在学している間は Dasein のままでいることが許されている。ところが、就職となるとたんに、すでに自分が何をやりたいのかが決まっているものとして振る舞わなければならなくなる。[115] 就職の面接で、「わたしは自分が何をしたいのかがまだわかっておらず、この会社で働きたいのかどうかも決めかねています」などと言ってしまったら、まず採用されることはあり得ないからだ。

答えを急ぐ者は、他者の歴史や定義に屈することで「実存的不安」から逃れようとする。「不本来決定不能なことがらを、ある程度無理矢理選択して決定してしまう。たとえば、「不本意ながらもとりあえず就職する」というかたちによって。そして就職することであえて狭めた選択肢の中にやりがいを見い出せた者は幸福を得られるし、そうでないものは不満

113——Ibid., lines 3192-99.
114——Christopher M. Drohan, op.cit., lines 2865-6.
115——Jason J. Howard, op.cit., lines 3098-3108.

足を感じ、転職を考えたり、離職したりすることになる。それは、they-selfと呼ばれる他者の要請に自己をあわせるということの帰結なのである。

けれども、それはほんとうの自律性ではない。他者の歴史や定義に屈してしまったとき、そこには自己決定がないからだ。だから、キルケゴールは「実存する個人は絶えざる生成の過程にある」と語る。何者でもないことを受け入れ、存在しないかもしれない答えを求めて苦闘するのが人生なのだというわけだ。キルケゴールはその過程を死に至るまで終わらない病というふうにネガティブに捉えたわけだが、サルトルは逆にこのことをポジティブに捉え直している。つまり、アイデンティティなしに生まれてくるということは、逆にいえば何にでもなれるということであり、つまりわれわれは「自由を申し渡されているのだ」というわけだ。[116] オルダス・ハクスリーの『すばらしい新世界』のように、生前から職業や階級が決定されている世界こそ悪夢だというわけだ。

それが「病」であるにせよ「自由」であるにせよ、アイデンティティを構築することは安楽な作業ではない。絶えず自分の可能性に不安を抱き、過去の失敗にとらわれ、さらにはいずれ訪れる死の不可避さにおびえていなければならない。いつまでも選択を躊躇していることすら許されないというわけだ。だから、多くの人は自分のアイデンティティの問題から逃避をはかる。タバコを吸ったり飲酒をしたりというものから、恋愛に夢中になるとか、アイドルに夢中になるとか、とにかく親しみがあるもの、安らげるものへと逃避をはかる。それはある意味、自己欺瞞である。自分が抱えている問題を先送りしながら、とりあえず今を凌《しの》ぐという生き方である。

なぜなら、ひとたび自分の人生の指針となる方向性を選び取ったなら、人はその選択に全責任を負わねばならなくなるからだ。だから、ブルース・ウェインがバットマンを選択したことには深い意味がある。なぜなら、それは彼自身の恐怖、あるいはトラウマそのものとなることとの選択だからだ。先にあげた逃避的な自己欺瞞とはまったく逆のベクトルである。なぜなら彼は自分の恐怖、苦しみを自分のものとして引き受けることを選択したことになるからである。[117]

死の受容を表すものであるにせよ、実存的選択を表すものであるにせよ、いずれの場合においても、コウモリの仮面はウェインにとって疑いようもなく必要なものであった。さらにいえば、救いですらあったのだということになるだろう。ブルース・ウェインには、そうなるしか生きていく方法がなかったのである。

116——Christopher M. Drohan, op.cit., lines 2868-75.
117——Ibid., lines. 2875-81.

誰でもバットマンになれる？

けれども、仮面がはらむ問題はこれで終わりではない。なぜなら、仮面とは付け替え可能なものだからである。誰でもかぶろうと思えば同じ仮面をかぶることができる。つまり、仮面をかぶるということは、自分ではない誰かになるという自由を体現する行為であると同時に、それは何も自分でなくてもよい、誰でも同じ存在になりうるということを認めることにもなるわけだ。

ここにバットマンの生成と非生成の同時性という問題が生じてくる。バットマンに「なる」ということは「ならない」ということと同意義なのだ。次々と現れるバットマンの模倣者たちに対して、ウェイン＝バットマンが苛立ちを隠せないのはそのためである。仮面は実は、ウェイン＝バットマンという等式を成り立たせるものでありながら、同時にその等号を不等号にするものでもあるからだ。[118]

表面的にはウェインはそのことを理解し、また受け入れているように見える。『ライジング』で、警官（後に刑事）ブレイクに向かってウェインは、仮面は「もっとも身近な人たちを守るため」のものであり、「バットマンは誰でもなりうるシンボルだという考え方」を表すものだと告げるからである。けれども、実は映画の結末においてこのブレイクの名前がロビンであることが判明する。つまり、彼はウェインによって認められた後任者なのであり、この台詞は、その彼に向けて遠回しに後継者となることを許可、あるいは要請した言葉と解釈することができるのである。やはり、誰でもがバットマンになれるという公然の秘密は、ウェインにとっては決して心地よいものではなかったということだろう。

アイデンティティの分裂

とすれば、ウェイン＝バットマンという等号が実はきわめて危ういものであることが明らかになる。実際、『ライジング』のラストでは、ロビン＝バットマンという図式が示されもするわけであり、そもそもこの結びつきが確固たるものではなかったことが明らかになるからである。

このことをポジティブに解釈するならば、バットマンはウェインの演技であったということになるだろう。『ビギンズ』でウェインがレイチェルに向けて「仮面の下に誰がいるのかじゃなく、僕が何をするかがバットマンを定義づけるんだ」と語るのは、そのような

118――Jillian Gilmer, op.cit., p.4.

演技の意志を表しているのだと読むことができる。[119]

けれども、実際にはこの二重性は彼に幸せをもたらすことはない。ウェイン＝バットマンという二つのアイデンティティを生きたせいで、『ダークナイト』において最愛の女性レイチェルは命を落とす。正義を体現し、自分をバットマンから引退させてくれるはずだったデントは、トゥーフェイスへと堕落してしまう。そしてそんなデントを街を守る新しいシンボルとしての「光の騎士」に仕立て上げるために、デントの罪を背負ったことでバットマン自身が社会の敵となってしまう。さらに、『ライジング』では、そのレイチェルが最後に選んだ男性は自分ではなくデントであったことが明らかにされる。そしてまた、絶えず寄り添ってくれていた執事のアルフレッドまでが彼の元を去ってしまう。

すべての希望は断たれ、最終的に彼は誰ともつながれない存在になる。社会のなかに、あるいは国家的イデオロギー装置のなかに確固たるアイデンティティが作れないために、彼は苦境に陥ることになる。そもそもウェインは億万長者でありながらニート的な存在であり、社会から引きこもった存在であった。他方、バットマンは自分自身の（あるいは自分勝手な）正義を行使する基本的に反社会的な存在である。どちらもがそもそも、社会とうまく関係を切り結べていないのだ。しかも、ウェインの立ち位置とバットマンのそれとは、あまりにも位相が異なりすぎる。二人はまったく別の世界に捕らわれているのだともいえる。そもそも、そんな二つのアイデンティティが一つになれるはずがないのである。[120]

ジリアン・ギルマーは、『ビギンズ』はウェインが二つの人格へと分裂していく過程を描いたものであり、『ダークナイト』はアイデンティティの混乱、あるいは二つの人格の「狭間」への移行と、その「狭間」にあることで精神的に不安定になる状態を描いていると指摘している。[121] とすれば、仮面が顔の下半分をのぞかせたままの中途半端なものであるのも、この不安定さを象徴しているからだということになる。バットマンの仮面は中途半端な大きさで顔の半面しか覆っていない。それは、彼がバットマンにもウェインにも完全にはなりきれないことを示唆しているのではないだろうか。

この流れに沿って考えるならば、『ライジング』では、ベインによってバットマンの仮面が割られるシーンに象徴されるように、アイデンティティの崩壊がまずは描かれる。ウェインもまた、ベインによってすべての財力を奪われ、社会的にも無力な存在へと転落する。そして、そこからの再生と、最終的な人格の統合までの過程がこれに続くことになる。この後半については後に述べることにしたい。

119——Brent Holmes, op.cit., p.2.
120——Jillian Gilmer, op.cit., p.44.
121——Ibid., p.22.

問題はこれら二つの人格の「狭間」である。なぜなら、おそらく「狭間」には何もないからだ。ともにワグナー大学に所属する哲学研究者のサラ・K・ドノバン(Sarah K. Donoban)と物理学者のニコラス・P・リチャードソン(Nicholas P. Richardson)は、フーコーに依拠しつつ、「大金持ちのプレイボーイ」としてのウェインも「不可能な正義の為に身をささげる」バットマンもどちらも演技にすぎず、彼らの間に二人を結びつける「真の」自我など存在しないと主張する。[122]

これをフロイトの理論とつなげてみるならば、それは超自我と無意識の対立として解釈することができるだろう。つまり、フロイトによれば、超自我と無意識の要請は「常に食い違っており、しばしばまったく相容れないように見える」からである。自我は本来これら二つの装置の仲介者として機能するわけだが、ウェイン＝超自我とバットマン＝無意識の間には、これを仲介する自我が不在だということになる。[123]

別の見方をするならば、警官ブレイクがいう「骨の髄までしみこんだ怒り」に根ざす無意識の怪物を抑え込むために、超自我であるウェインが無意識の怪物にかぶせた封印がコウモリの仮面であったという解釈も可能かもしれない。あるいは、超自我が、必要に応じてこの無意識を解放するための装置として仮面が考案されたのだと読んだほうがよいのかもしれないが。

超自我と無意識の対立というフロイト的な図式を、アルチュセール的に言い換えるならば、巨大財閥の長としてのウェインは、ゴッサムのイデオロギーや制度に完全に依存した存在であり、他方のバットマンは子供時代のトラウマや復讐の権化であり、そのために国家的イデオロギー装置を離脱することを望んでいる存在ということになる。この両者の間には和解点は存在せず、引き裂かれた亀裂だけが残されることになる。

多重人格の物語

とすれば、ウェインとバットマンは分裂していると読むほうが正しいということになる。『ライジング』のラストにおいて力業で統合されはするものの、さもなければ、バットマンとは二重人格者の物語だということになる。なにしろ、二つの人格を統合するものが両者の間に存在しないのだから。

たとえば、『バットマン・フォーエヴァー』（一九九五年）において、チェイス・メリディ

122——Sarah K. Donoban & Nicholas P. Richardson, "Under the Mask: How Any Person Can Become Batman," in *Batman and Philosophy*, op.cit., lines 2039-44.
123——Jillian Gilmer, op.cit., p.37.

アン医師は、トゥーフェイスやリドル同様、バットマンも多重人格を患っていると語っている。[124]

素顔のままで衣装だけ着替えアイデンティティを保持するスーパーマン、フルフェイスの被り物で蜘蛛の化身へと完全にアイデンティティを入れ替えるスパイダーマンと比べたとき、その分裂ぶりは明らかだろう。口の部分に窓を開けた不完全な仮面そのものがすでに人格の混合、あるいは分裂を象徴しているのである。

そんなバットマンの不完全さ、中途半端さが、イデオロギー的国家装置（ＩＳＡ）に関連した問題として表出していることはすでに述べた。つまり、一方で無法者である自警主義者として振る舞いながら、他方で「殺さない」というＩＳＡの基準から逃れられないでいるバットマンの矛盾した姿のことである。

そして、もうひとつそんなバットマンの矛盾を明るみに出す問題がある。それが模倣者（イミテイター、コピーキャット）の問題である。

もしバットマンのコウモリの仮面が、ほんとうにバットマンの無名性つまり、誰でもなりうるヒーローという性格の象徴なのだとしたら、なぜジョーカーは捕らえた模倣者に、「おまえは本物のバットマンか？　違う？　じゃあなぜ、そんな服装をするんだ」と問いかけるのだろうか。もし、バットマンが誰でもなれるヒーローなのだとしたら、「本物のバットマン」という問いかけはおかしなものなのだ。やはり、バットマンは特定の個人、あるいは特定の分裂を有する者しかなりえないという前提があるかのようである。

　他方、バットマンの衣装と仮面は、誰でもヒーローになれるという意味だとうそぶいたはずのバットマン自身もまた、その言葉に従っただけであるはずの模倣者たちにきわめて冷淡な態度をとる。たとえば、バットマンの軍団を作るといった発想はまったく彼にはないことが伺われる。ある模倣者に対して彼がいう言葉は、「俺はホッケーパンツは着ない」というものだ。この台詞ですぐに思い出されるのは、インターネットで買ったダイビングスーツでヒーローのコスプレをする『キック・アス』(二〇一〇年)の主人公だろう。そこには、いったいいかなる差異があるというのだろうか。端的にはそれは貧富の差ということだろう。なにしろ、バットマンのコスチュームはケブラーという素材で作られており、銃弾を防御できるようになっているのである。腰に巻いたユーティリティベルトにはさまざまなハイテクガジェットがぶら下げられている。「バットマンになるにはどれくらいお金がかかるのか?(How much would it cost to be a Batman?)」というバットマンのトレイラー映像によれば、バットマンの基地であるバットケイブや乗り物であるバットヴィーク

124——Douglas Kellner, op.cit., p.168.

ル、あるいはバットポッドなどを含めると、バットマンとなるには七十七億円も必要だということである。[125]これでは明らかに特権階級の道楽であり、ベインが彼を破産させて、すべてを剥奪したくなる気持ちもわからなくはない。

けれども、問題はおそらくそこにはない。バットマンが模倣者を嫌うのは、貧弱な装備で戦うことが危険だからではない。むしろ、彼は単独者でいたいのだ。言い方を変えれば、彼は自分がバットマンでいることが好きなのだ。社会の制約に縛られず自由に振る舞う特権を享受したい、つまり反逆者でいたいのだ。

もし彼が模倣者を受け入れたら、そこには自警団が、あるいは自警社会が作られることになる。となるとそこには規則が生まれ、彼もまた規則に従わねばならなくなる。彼はだから仲間を望まない。自分の自由が制限されてしまうことを望まないからだ。それが、おそらくバットマンが模倣者を嫌う理由なのだ。

そして、ここには明らかな矛盾がある。なぜなら、彼は一方で社会の法や政治の不十分さを明るみに出し、自警行為という方法を通じて、システムへの反逆が必要であることを訴える存在である。だから、彼の考えに賛同して模倣者が出現することになるわけだ。社会の側から見れば、模倣者も非合法な自警行為者である。つまり、バットマンと模倣者はどちらも非社会的存在という意味で同義であり、特にバットマンのほうが正当性があるといった根拠はどこにもない。ところが、ひとたび模倣者が出現すると彼はそれを否定する。元のシステムにおとなしく服従していろと命じるのだ。つまり、反逆を奨励しつつ否定していることになる。[126]

ここにもだから、社会的強者であるウェインと強力なアウトローであるバットマンとの分裂、相容れなさがかいま見えているといってよいのではないだろうか。二つのまったく異なる位相に引き裂かれているせいで、バットマンと社会との関係はどこまでも不安定なままなのである。つまり、彼にはベインのような革命家になることはできないし、その意志もないということである。

125——http://www.youtube.com/watch?v=3oZ5i9EILM8
126——Jillian Gilmer, op.cit., p.20.

エピローグ
分裂を解消する力業

井戸＝イドからの脱出

ノーランの三部作は、果てしない自己言及の物語として読むことができる。敵として登場する者らは、すべてバットマンの影と呼べる存在であったし、バットマン自身も二つに引き裂かれた多重人格者である。そして、さらに映画の中にはバットマンの模倣者が、映画の外（ただし映画館の中）にはジョーカーの模倣者が出現した。

この分裂は解消のしようがないように見える。ウェイン／バットマンの間の亀裂は決定的なものであり、二つの人格の統合は不可能だと思われるからだ。

けれども手はあったのである。

三部作の掉尾《とうび》を飾る『ライジング』において、二つの人格がみごとに引き裂かれる場面がある。

いうまでもなく、ベインによってバットマンの仮面が割られる場面である。割れた仮面の下からは、当然のことながらウェインの顔が現れる。あらがいようのない力によって、バットマンは消し去られ、ウェインはウェインに戻される。しかしそれは、もはや元のウェインではなかった。財団の長の座からも転落した、何も持たない存在となったウェインであった。もはやかつてのウェインですらなく、何者でもなくなったウェインは、井戸=イドの奥深く沈められる。井戸=イドからの脱出は、死の恐怖との戦いというかたちで演出される。それは、幼少期のまだ何者でもなかった頃のウェインの体験に重ね書きされるものとなっている。

確かに幼少期のウェインも、同様に井戸のなかで死の恐怖を象徴するコウモリに襲われるわけだが、このときには救いの手をさしのべてくれる父の存在があった。社会と向き合う役割は、当時はその父が代行してくれていたのである。ところがいまや成人となったウェインは、同じことを自力で成し遂げねばならない。何者でもなくなったウェインは、自力で何者になるかを選ばねばならなくなる。そして、命綱を捨て、死の恐怖を克服したとき、ウェインはコウモリを手なづけたということなのだろう。これまで分裂した自我として自分を苦しめてきたコウモリを、ついにウェインは自分の管轄下に置いたのだ。だから、これ以後登場するのは、ウェインの別人格《オルターエゴ》としてのバットマンではなく、ウェインが意志的に演じるバットマンとなる。あるいは、もはや「億万長者のプレイボーイ」の演技ができなくなったウェインにとって、唯一演じられる役はバットマンだけになったということかもしれない。

ウェインの父親は医者だった。それも、深夜でも診察に出かけていくような献身的な医師だった。さらに慈善家でもあり、ゴッサム・シティに対し財政的な貢献をしようともしていた。とすれば、この新しいウェインは不在の父をモデルとし、自らも同じような献身をしたいと願うに至ったと考えることができる。今度こそ、イドの怪物に翻弄される不安定な存在としてではなく、自らの意志でゴッサム・シティに貢献できる存在たらんとウェイン／バットマンは一致して欲するようになったのだと考えることができる。

ベインが四メガトンの核装置でゴッサム・シティを破壊しようとしていることを知ったキャットウーマンは、「一緒に来て。あなた自身を救うのよ。あの人たちにもはや負い目はないわ。あなたはすべてを与えたんだもの」と戦いをやめて逃げるよう懇願する。けれども、バットマンは「まだすべてを与えたわけではない。まだだ」とすげなく却下する。ここには、明らかに死のほのめかしがある。しかも、それはただの死ではない。いわゆる大義に殉ずる死、すなわち殉死の予感がある。127

そしてその予感は的中する。いよいよ爆発するという直前にバットポッドで駆けつけたバットマンが、核装置を持ち去り、ゴッサム・シティ沖の海上で自爆するからである。

これは、ある意味強烈なパロディーではないか？　何の？　すでに、ノーランの三部作が、あからさまに9・11後のアメリカを主題に据えたものであることは見てきたではないか。すべての始まりは自爆テロだった。ジハードの名の下に、アメリカの経済的・軍事的な覇権を象徴する建築物へと突入した二機の航空機こそが、すべての出発点となったのだった。とすれば、バットマンはここで自爆テロを裏返して見せたのだということもできるのではないだろうか。殺し破壊するための自爆を、守り維持するための自爆へと逆転してみせたということはできないだろうか。その意味で、このラストは、9・11とそれに対するアメリカの行きすぎた反応までを含むすべてのことへの回答となったといえるのではないだろうか。

いかなる理由があろうと、自己犠牲の行為は、殺し破壊するためではなく、守り維持するためのものであるべきだということである。それは社会へのメッセージであると同時に、ウェインにとっての最終的な回答でもあった。復讐に駆られていたウェイン／バットマンにとって、抑えがたい憤りや、やりどころのない怒り、拭いようのない罪の意識などのすべてを昇華する唯一の方法だったのではないだろうか。さらにそれは、二つに分裂していた人格が、爆発によってついにひとつになった人格の統合の喜ばしい瞬間であったともいえるのではないだろうか。

また、ゴッサム・シティの市民からすれば、この行為は、ひとたびは社会に許容されな

127――Jillian Gilmer, op.cit., p.47.

い殺人者となったバットマンが、英雄的な殉教者となった瞬間でもあった。ここにおいて人々の意識のなかでバットマンのすべての罪はあがなわれたということになる。[128]

みごとな切断の儀式

けれども、もしかしたらそれはかなりナイーブな読みなのかもしれない。ウェイン／バットマンはもっとしたたかだという可能性もある。

ラスト間近に、ヨーロッパのどこかの町で、かつてウェインの執事だったアルフレッドが、死んだはずのウェインの姿を目撃するシーンがある。カフェでのんびりとティータイムを楽しんでいるウェインの向かい側には、キャットウーマンがいる。ついに、大金持ちの特権階級としてでも、社会の敵となった無法者の自警主義者としてでもなく、ただの平凡な市民として平凡な幸せを手に入れた姿とそれは映る。その光景をほほえみとともに見つめた後、アルフレッドは声をかけることもなく立ち去る。

ただこのシーンが事実なのかどうかは曖昧である。もしかしたら、アルフレッドの願望を幻想として描いたものなのかもしれないからだ。アルフレッドが声をかけないことで、この場面は多義性をはらんだ象徴的な場面として印象づけられることになる。

たとえば、『ライジング』でのルーシャスとバットマンの会話において、バットポッドの修理は完璧にできたが、唯一自動操縦装置だけがうまく機能しないということがいくども話題にのぼる。そう、わざとらしいほどにである。キャットウーマンにも、ウェインは自動装置がうまく機能しないと告げる。けれども、その後にルーシャスが、それをひそかにウェインが修理していたことに気づく、という伏線がさりげなく用意されていたりもする。

とすれば、なぜバットマンはキャットウーマンに嘘をついたのだろうか? 『ダークナイト』の時点で、レイチェル・ドーズが最終的にデントを選んだ理由は、結局ウェインが、バットマンにならずにはいられなかったからだった。彼にはどちらかを選ぶことができなかった。選択の余地はなかった。つまりウェインは、バットマンというもう一つの人格との共存なしには生きることができなかったということである。

一方、『ライジング』において、ベインによってすべてを奪われたウェインはすでに、「大金持ちのプレイボーイ」ではなくなっていた。ベインやキャットウーマンと同じ、ただの市民の位相に置かれる存在となっていたのである。そして、地下牢での試練を克服し

128——Jillian Gilmer, op.cit., p.47.

た後、再び、今度は意志的、あるいは主体的な選択として、バットマンとなった。今度は、それはあくまでウェインという個人の選択だったのである。だから、今回はウェインは、バットマンであることをやめるという選択をすることができるようになったわけだ。しかも、復讐に駆られ、時に暴力に酔ってしまう制御不能のイドの怪物であったバットマンを、殉死によって昇華することまで可能なのだ。

だから、バットマンはただ自爆するのではなく、「爆発で跡形もなく消えなければならなかった」のだ。市民を救った英雄に返り咲くことで、デントの真実が明らかになった後のゴッサム・シティに正義の象徴として返り咲くことが必要だったのだ。

そして、自動操縦装置である。

これが正常に機能していたのであれば、ウェインは、密かに離脱することが可能だったことになる。つまり、バットマンだけを消して象徴へと転じ、自らは「ただの」ブルース・ウェインに戻るということが可能だったわけである。[129]

そう考えれば、ラストの場面で、刑事ブレイクがトレーニングをしている場面の意味も明らかになる。ウェインは確かにバットマンの仮面を脱いだのであり、それを次にかぶるのは、同じトラウマを抱えたブレイクだということである。それでいいのだ。バットマンは象徴なのだから。その意味では、必ずしもバットマンがウェインである必要はないということなのだ。

最後の疑問

ただ、そうだとして、果たしてこれはハッピーエンドなのだろうか。確かにバットマンはゴッサム・シティを守った。それは、彼の生きる目的だったのだから、それはそれで一貫していることになる。けれども、それはOWSが失敗に終わった街である。あるいは、ジョーカーの突きつけた「囚人のジレンマ」を克服することもできず、ベインのデマゴギーに翻弄されて恐怖政治をおこなってしまった、愚かで、自己中心的な市民の街でもある。

とすれば、バットマンが守ったものは何だったということになるのだろうか。彼は反革命であり、現状肯定の保守主義者ということにはならないだろうか。つまり、アメリカ的覇権への異議を唱えたラーズ、後期資本主義社会の矛盾を突きつけたジョーカー、プロレタリア革命を実践しようとしたベインらこそが、これらの映画の真の主人公であり、バッ

129——Jillian Gilmer, op.cit., p.48.

トマンは結局その抑圧者として機能しただけだというふうに読むこともできるのである。

その意味でもこの三部作は、従来のスーパーヒーロー映画に対するみごとなアンチテーゼとなっていたといえるのではないだろうか。

附論

なぜ、ジョーカーが、バットマンの師たりうるのか？

：ジョーカー再考

クリストファー・ノーランのバットマン三部作において、バットマンにとっての真の導き手は、執事アルフレッドではなかった。第一作の敵役ラーズ・アル・グールでもなかった。そうではなく、むしろ第二作のジョーカー（そして、部分的にはジョーカーの役割を引き継いだ第三作のベイン）こそが真の師であったのではないか？

主として、二〇一五年に刊行されたばかりのロバート・モーゼ・プレスリー、ロバート・G・ウェイナー編『ジョーカー：犯罪のプリンスについての研究』（Robert Moses Pleaslee and Robert G. Weiner eds, *The Joker: A Serious Study of the Prince of Crime*, Jackson: University Press of Mississippi, 2015, kindle edition）に収録された諸論考を足掛かりとして、以下にその理由を述べてみたい。

1 オバマ＝ジョーカー

二〇〇九年の夏、グーグルの「本日のホットなトレンド（Today's Hot Trends）」の一位に躍り出たのは、いわく言い難い、グロテスクな画像だった。フロイトが言うところの不気味なもの（The "uncanny"）という表現がぴったりくるようなものというべきだろうか。なんらかの抑圧によって封印されたものの回帰であるような、思い出せない嫌な記憶と結びついている何かであるような、そんな感じを抱かせる画像だった。あるいは、知性的というよりも、直感的あるいは本能的恐怖を与えるという意味で、内臓的恐怖（visceral Horro）をもたらすものであったといってもよいかもしれない。

そこに表象されていたのは、誕生したばかりの初の黒人大統領と、ある映画の白人登場人物を混ぜ合わせた画像であった。技術的にはきわめて単純なものだった。フォトショップという誰でも使えるソフトウェアを用いて、匿名の人物によって簡便に合成された画像にすぎなかった。フォトショップの使い方さえ知っていれば、誰にでもできる操作で生み出されたものだったのである。にもかかわらず、そのイメージには、奇妙な求心力があった。一義的な解釈が困難であるが故に、逆に、本来はそれぞれにかなりの相違点があるはずの、いくつものアンチ・リベラルな保守系草の根勢力の運動をひとつにつなぎあげる力を秘めたものとなっていった。「オバマ＝ジョーカー」と呼ばれるものがそれであった（図版参照）。

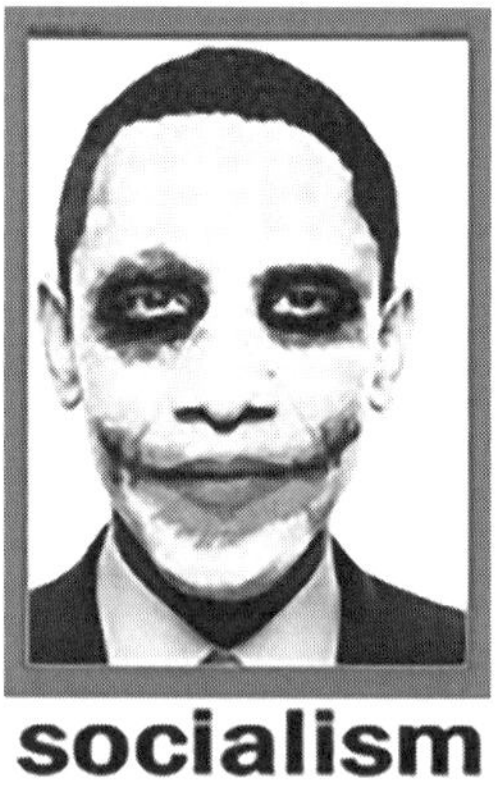

そのちょうど一年前の夏には、黒人で初めて民主党の大統領候補指名をうけたバラク・オバマによる選挙活動が盛んにおこなわれていた。それと時を同じくして封切られた一本の映画があった。『ダークナイト』というタイトルで、クリストファー・ノーラン監督による、新しいバットマンシリーズの第二作目だった。けれども、バットマンが主人公である映画であるにもかかわらず、話題になったのはむしろ仇役であった。すなわち、ヒース・レジャー演じるところの仇役ジョーカー

だったのである。

むろん、その理由としては、ジョーカーの役作りに入り込みすぎたレジャーが、映画制作中に急性薬物中毒で世を去ったという話題性があったのは確かである。ジョーカーというキャラクターは、これから始める殺人オージー（饗宴）の手始めとして、まず自らを演じた俳優を殺したのである。それも、映画が封切られる前に。映画公開時、すでにジョーカーというキャラクターは、現実世界にそれを演じた役者をもたない根無し草性、あるいは亡霊のような地位を確立していたともいえるだろう。「あの人が演じたのだ」と指摘しうる対応物を抹消したことで、映画のなかのキャラクターは演じられたものではなくなり、キャラクターそのものになったともいえるだろう。この意味でも、ジョーカーは当初から出自なき存在であったことになる。

実際、それは、これまで誰も見たことのないまったく新しいジョーカーであった。かつてジャック・ニコルソンが演じたコミカルでダンディなジョーカーとは打って変わった、不気味で得体の知れない存在であった。その消化しきれない意味は、見た者すべての心の内に深く刻み込まれることとなった。理性で消化しきれないがために、万人の無意識に沈んでいった。

結果、ひとたび無意識に沈んだジョーカーは、かたちを変えて再帰することになった。感染するイメージとなって。

当初は、IBELIEBEINHARVEYDENT.COMと冠せられたサイトで、映画の登場人物のひとりハービー・デントの顔と融合した（左上の図版参照）。デントは、正義派の検事から、ジョーカーの誘惑に屈して、トゥーフェイスという殺人鬼へと堕落した存在であった。その意味では、映画の解釈に沿った融合であったともいえる。

次いで、ジョーカーは一九一七年に作られた第一次世界大戦時の徴兵ポスター、"I WANT YOU !" という文字とともに描かれたアンクル・サムの顔と融合した（左下の図版参照）。初めてジョーカーが政治的指導者と融合した瞬間であったといえる。[1]

1――Emmanuelle Wessels and Mark Martinez, "The Obama-Joker: Assembling a Populist Monster", in Robert Moses Pleaslee and Robert G.Weiner eds., *The Joker: A Serious Study of the Prince of Crime*, Jackson: University Press of Mississippi, 2015, kindle edition. 以下、第一節の議論はおおむねこの論考に基づいたものとなっている。

2 「希望」から「社会主義」へ

この当時、オバマには別のポスターが存在した。シェファード・フェアリーによって描かれた選挙用のポスターであった。そこでは、赤と青のストライプ柄でオバマの顔が塗り分けられており、それはむろん端的にアメリカ国旗を、つまりアメリカそのものとしてのオバマを表象していたといえる。そこでは、彼の黒い肌は、アメリカという国家の色に置き換えられていた。あたかも、黒人であるということと、アメリカを代表することとの間には、なんの軋轢もないといわんばかりであった。そして、彼の顔の下には「希望（HOPE）」という文字が描かれていた（次ページの図版参照）。その含意は、いうまでもなく、オバマこそがアメリカの希望なのだ、というものであろう。このポスターはみごとにその効力を発揮し、同年十一月オバマは、黒人として初めて合衆国大統領の地位を獲得する。

けれども、彼が掲げた政策のうちで目玉のひとつであった、皆保険制度を実行しようとしたときから、逆風が吹き始めた。アメリカには、現在のところ日本のような皆保険制度がない。国民健康保険のように、国家が国民の医療費を税金によって

支援するという制度がないのである。そのことが生み出す帰結は、医療サービスの資本主義化ということである。わかりやすくいえば、金のない者は医者にかかれない、ということになる。

その弊害を描いたものとして、たとえば、『ジョンQ』（二〇〇二年）が思い出される。リストラによってパートタイマーに格下げされた主人公ジョンQ（デンゼル・ワシントン）の息子が、心臓疾患を患っていることが判明する。パートタイマーになると、保険のランクが下げられ、入院や手術どころか、心臓移植者のリストに自分の息子を載せることすらできなくなることが判明する。クレジット・カードを持っていない者は病院を受診できない、といわれる場面もある。万策尽き果てたジョンQは、息子を心臓移植者のリストに載せることを要求するため、ついには銃を手に病院をジャックするところまで追い込まれてしまう。

また、マイケル・ムーアのドキュメンタリー作品『シッコ』（二〇〇七年）はさらに明確に、医療の資本主義化の問題点を鋭く追及したドキュメンタリーの傑作である。保険契約時に申告し忘れていた病歴を探し出し（そういう作業を専門におこなう部署があるということ）、違約があったとして、保険金の請求を却下するなど、保険会社が顧客を食い物にするために用いる容赦のない手法が、的確に描かれていた。

その恩恵を当たり前に受けている日本人の視点からみれば、皆保険制度の導入というのは、妥当な政策であると思える。ところが、俗流ダーウィニズム的な弱肉強食の論理が徹底したアメリカではそうはいかない。オバマは、皆保険制度によって、白人の富をマイノリティに再分配しようとしている、つまり「われわれの税金を貧乏人にばらまこうとしている」という主張が生まれてきたのである。それは、富の再分配によって、アメリカという国家を解体しようとする暴虐であるとすら認識された。こうした抗議活動を展開したティーパーティー運動が飛びついたのが、ネットで発信されていたこのオバマ＝ジョーカーの画像だったのである。

そこには、かつての「希望」の代わりに、「社会主義（SOCIALISM）」という一語が刻まれていた。アメリカ資本主義の視点から見れば、皆保険制度は社会主義的な方策であり、アメリカの物神であるお金に敬意を払わず、資本主義化した医療の既成秩序を尊重しないテロ行為とすら映ったということである。

かくして、国家への裏切り者としてのオバマ＝ジョーカーの画像が、さまざまな場所に出現するようになる。当初は特定のウェブサイトに掲載されていただけだったのが、たとえば、街角のポスターに、Tシャツの上に、プラカードに、車のステッカーに、フェイスペイントにといったかたちで物質化し、jpegファイルとしてネット上を流れ、噂となって人口に膾炙《かいしゃ》しもした。つまりオンラインで発生したものが、オフラインの場にもあふれ出してきたわけである。ミズーリ大学のコミュニケーション学者エマヌエル・ウエッセルズ（Emmanuelle Wessels）とカリフォルニア州立大学で政治学を講じるマーク・マルティネス（Mark Martinez）は、オバマー＝ジョーカーを「単なる画像ではなく、アセンブラージュされたエネルギーの束」と呼んでいる。反オバマという情熱がデジタル化された抗議活動、映像データのビット、文化的市民活動のアセンブラージュの中で、オバマとの融合をもたらしたというのである。このアセンブラージュというのは、メキシコ系アメリカ人の思想家であるマニュエル・デランダ（Manuel DeLanda）が打ち出した概念である。

そもそもはフランス語のアッサンブラージュに由来する語句であり、これは主としてシュールレアリストたちによって実践された、相互に関係のない、さまざまなものを寄せ集めることで構成されたインスタレーション作品のことを指していた。つまり、アンドレ・ブルトンがいうところの「手術台の上での、ミシンとこうもり傘の出会い」を物理的に実践した作品のことであった。これを、同じフランスの哲学者ジル・ドゥルーズが取り上げて、「異種混交的な部分から構成される多種多様な全体」に適応できる概念とした。そこでは「原子や分子から、生物学的な組織、種、生態的なシステムにまでおよぶ実体[2]」がアセンブラージュ（＝集合）と見なされた。これを社会理論に応用しようとしたのがデランダであり、この概念を適用することによって、「微細な要素がどのように結合しているかを描写するための分析ツール」としようとしたのである。「リンクされたウェブサイト、埋め込まれた動画、コメントフォーラム、相互的なものだけでなく、テレビ、映画、抗議活動のような具体的な行動とも一体化する、インターフェイスなどによって定義づけられる新しいメディア環境の分析」が、この概念を応用することによって可能になるというわけである。バーチャルなものと社会的なものとの相互作用の検証にも有益なツールとなるという。そこでは、バーチャルなものと現実的なもの、デジタルな

2—— マヌエル・デランダ著、篠原雅武訳『社会の新たな哲学：集合体、潜在性、創発』（人文書院、二〇一五年）、原著：Manuel DeLanda, *A New Philosophy of Society: Assemblage Theory and Social Complexitty*, Continuum, 2006, p.9.

ものとアナログなもの、線的な因果関係と非線形的なものなどあらゆるものが、部分として結合したものとして現象が記述されることになる。

ただ、アセンブラージュは全体性ではない。あくまで部分やかけらの寄せ集めなのであって、時に応じて様々な要素をアセンブラージュとして分析することが可能なものである。常にみかけは部分的なものでしかない。統一的な全体性を欠くからこそ、それぞれの部分に着目したさまざまな運動や主張を寄せ集めることができたともいえる。全体像をもたないことが、ここでは逆に力になったということである。

もう一度画像を見てみよう。

オバマ＝ジョーカーとは、なんだろうか？

それは、架空のキャラクターが、現実空間で実在の身体に移植されたものである。つまりバーチャルと現実が結合したハイブリッド身体である。テロリストにして反資本主義者（＝お金に興味がなく、札束を積み上げて焼く男）であるジョーカーは、資本主義国家にとっての政治的恐怖の象徴である。これを、富の再分配というアメリカのタブーに触れようとした大統領とハイブリッドすることで、相乗的な効果が生み出されたというわけである。

さらに黒人であるオバマは人種化された身体の持ち主でもある。ところが、この画像では、ジョーカーという白人と混合させられている。そのために人種的アイデンティティが捉えがたいものとなっている。それは、単純な意味に還元することが不可能な、恐るべき支配者にして、人民主義《ポピュリズム》のアブジェクト的な他者となる。アブジェクト性、内臓的恐怖という点について、ジジェクはラカンを利用して次のように説明している。

見る主体が、既存の象徴的秩序に容易におさめることができない何かによって衝撃を受けたり、驚喜したときに、捉えて離さない情動（AFFECT）が起こる。それは「言語」によっては捉えられないもの、「言語」によって表象された現実の向こう側にある、ザ・リアルと呼ばれるものがもたらす衝撃である。ザ・リアルは、カントの物自体（Ding-an-sich）と同様に決して人間が捉えることができないものである。だから、象徴的秩序（＝言語で表現できる世界）の向こう側にあるザ・リアルの存在に触れたとき、主体は混乱する。主体はこのような言葉に還元できない体験を、反撥と好奇心の入り交じった感情であるアブジェクトとして処理する。

そして、ジジェクによれば、このような体験の究極は怪物的他者の構築となる。自分が反対しているもの、それを排除することで自分の主体性を合法化できるものを、悪しき他者に押しつけるのである。深遠な他者としての悪と、政治的不満足を喚起するオバマ＝ジョーカーは、このようなアブジェクトとして理解できる。

つまりは、大統領が、人種的論理、娯楽メディア、メディアテクノロジー、人民主義などと結合したアセンブラージュの産物であるということになる。それはまた、社会を支える堅固なイデオロギー、あるいはそのようなイデオロギーに基づく公共領域、すなわち中心と呼べる部分が失われたこととも相関している。中心が不在となった結果として、オンライン上には、過激思想や周縁的な思想、ニッチ的なメディアコミュニティが勃興し、さらなる断片化が進行することを防ぐことができなくなっている。陰謀理論の言説は、このような状況から生まれてくるのであり、オバマ＝ジョーカーの出自も、まさにこうした分岐とニッチコミュニティの並列や乱立を可能にしたメディアテクノロジーの現状とつながっている。

携帯電話ネットワーク、周縁的な政治的ウェブサイト、ティーパーティーの抗議活動のプラカード、映画『ダークナイト』、バイラル・マーケティングのウェブサイトなどの断片がつながり、物理的存在としては特定不可能な、真にウイルス的なキャラクターが構成されることとなった。

そこでは、ティーパーティーの愛国主義者だけでなく、人民主義者たち《ポピュリスト》、たとえばオバマは合衆国の生まれではなく、それゆえアメリカの大統領になるのは陰謀であるとするバリー・ソートロ(Barry Sortoro)らの「バーサー」などが協調可能となる。さらには、黒人の顔を白く塗る(逆に、ジョーカーを元に考えるなら、白人が顔を黒くしてまた白くすることになる)という意味では、明らかにブラックフェイス・コメディの差別性を喚起するものでもある。ネットワークの産物であることにより、オバマ＝ジョーカーは、単一のテクストや作者を超えた意味生成システムとなっているからだ。人種化された国家主義的言説とこれをまとめることもできるだろう。

さらに、この現象はCNNをはじめとしたテレビで取り上げられることでマスメディアにも乗った。同時にそれは、ユーチューブで無料公開されているアレックス・ジョーンズ(Alex Jones)の『オバマの詐欺(The Obama Deception)』(二〇〇九年公開)とも響きあった。中心的な政治的言説と、周縁的なユーチューブの映像とがアセンブラージュされたのである。

アレックス・ジョーンズは、ドキュメンタリー作家であり、ラジオパーソナリティでもある。彼もまたオバマー＝ジョーカーに強く惹きつけられた人物のひとりであった。彼は、市民的不服従運動の重要人物であり、保守とも革新とも違うスタンスをとっている。二〇〇九年に彼はオバマ期待論を一蹴し、民主党と共和党は争っているように見えて、真に重要な問題、たとえば軍産複合体や連邦準備制度の是非などについてのスタンスはまったく一致している。つまりアメリカの政治制度は中身が同じ二つの政党による二党独裁政治である。支配層は外見だけが異なるパペットとして大統領を定期的に取り替えることで、真の支配層に国民の目が届かないようにしている、と主張している。オバマもほかの大統領と同様の、多国籍企業やウォールストリート、あるいはロスチャイルド家やロックフェラー家の傀儡《かいらい》にすぎないというのである。二〇〇九年にジョーンズは、ジョーカーのメーキャップをしたうえでこうした内容を語り、それをユーチューブに動画としてアップした。[3]

このように、本来であればかなり立ち位置が違ったものであるはずの、反主流の政治的抗議活動が、この奇妙なイコンによって結びつけられたのであった。

そこから読みとれる重要なことはなんだろうか？

それは、ジョーカーのアブジェクト性であり、一義的な解釈を拒む深遠な多義性であり、なによりもアセンブラージュに向けて開かれた性質なのではないだろうか。

つまり、ジョーカーはいつでも断片であるということ。われわれに見せるどの姿も、ジョーカーの全体ではないということ。そういうものとしてあろうと意志する存在でもあるということである。

3——Alex Jones Dressed As The Joker Special Broadcast Part I–III
https://www.youtube.com/watch?v=ZQt-dyPKzxA
https://www.youtube.com/watch?v=Qdh39mbC7nA
https://www.youtube.com/watch?v=8UEBBu_RuBw

3 ジョーカーの位相

一九三九年、スーパーマンに一年遅れて誕生したのがバットマンであるが、そのバットマンよりさらに一年遅れて四〇年に登場したのがジョーカーであった。それ以来、七〇年に及ぶバットマンの歴史に、つねにつきまとい続けている。[4]

ジョーカー像の起源とされるのは、一九二八年のホラー映画『笑う男（The Man Who Laughs）』においてコンラッド・ヴェイト（Conrad Veigt）が演じたグインプレイン（Gwynplaine）であるとされる。グインプレインは貴族の出身だが、父が王に反逆したため、その罰として顔に笑った顔を刻み込まれてしまう。つねに歯を剥き出して笑ったままの顔をした道化師として映画には登場する。喜劇と悲劇のブレンドという意味では、確かにジョーカーの起源としてふさわしい存在であるといえる[5]（次ページの図版参照）。

七〇年の歴史をバットマンに寄り添い続けてきたことからわかるように、ジョーカーは「殺されない」悪役である。[6]『ダークナイト』でも、バットマンは、ジョーカーを投獄しても無駄だとわかっていながら、そしてジョーカーに自分を殺

4——Kimberly Owczarski, “Why So Serious: Warner Bros’ Use of the Joker in Marketing Dark Knight,” in R. M. Pleaslee and R. G. Weiner eds., op.cit.
5——R. M. Pleaslee and R. G. Weiner eds., op.cit., Introduction.
6——Eric Garneau, “Lady Haha:Performativity, Super-sanity, and the Mutability of Identity,” in R. M. Pleaslee and R. G. Weiner eds., op.cit.

すようにと促されながらも、殺すことができない。それは、バットマンの「一つの規則」への囚われを示すものであると同時に、ジョーカーの「決して殺されない」性質を明らかにする場面でもある。

ではなぜ、ジョーカーは殺されないのだろうか？　それはおそらく、バットマンという物語そのものの成り立ちに関わる問題につながると思われる。このことについては後でさらに詳しく考えることになる。つまり、バットマンの物語はなぜ、つねにジョーカーの存在を必要とするのかという問題である。

殺されないジョーカーは、笑うテロリストでもある。喜劇の仮面をかぶりながら、暴虐なテロ行為をおこなう。どんな画面でもそのメーキャップのせいで、喜ばしげに映る。暴力的な人物像と、喜劇の仮面との落差が、深層心理と表層意識との弁証法を生み出すという見方もある。[7] そして、ミハイル・バフチンが描いた中世の祝祭さながらに、この道化師は物事の通常の秩序をひっくり返そうとする。[8] トランプでいえばワイルドカードであり、混沌を解き放ち、バットマンやゴッサム・シティを転覆する思いもよらぬ方法を繰り出す策士でもある。このことを指して、『真夜中の道化師（Clown at Midnight）』の登場人物ハーレイ・クインは、ジョーカーのことを「犯罪のピカソ」と呼びさえする。[9]

ジョーカーは笑顔を絶やさない。規則にも善悪にも囚われず、曖昧で、変則的で、騙したりいたずらを仕掛けたりするジョーカーには、多分にトリックスター的なところがあると同時に、絶えず笑っていることが示すように、後悔を知らず、己の行為に完全なる自信をもっている存在でもある。テキサス工科大学の図書館司書であるライアン・リットセイ（Ryan Litsey）はそんなジョーカーに「力への意志」を見る。つまり、ジョーカーは絶えざる自己克服の過程に携わるニーチェ的な超人と見なしうるというのである。ジョーカーがいつも笑っているのは、自己克服の過程が、超人の世界観を深刻なものから喜劇へと変容させるからだという。自己を懐疑する

7──Johan Nilsson, “ Rictus Grins and Glasgow Smiles: The Joker as Satirical Discourse,” in R. M. Pleaslee and R. G. Weiner eds., op.cit.
8──Randolph Lewis, “The Dark Knight of American Empire” on JUMP CUT: A REVIEW OF CONTEMPORARY MEDIA. http://www.ejumpcut.org/archive/jc51.2009/DarkKnightBloch/
9──Mark P. Williams, “ Making Sense Squared: Iteration and Synthesis in

ことのないジョーカーは、それゆえもっとも幸福な人だということになる。だから、幾度バットマンに阻止されようとも、われわれ読者はまたジョーカーは戻ってくるだろうという感覚をもつという。彼を駆り立てているのは力への意志だからである。逆にいえば、またジョーカーが帰ってくるだろうという期待が、バットマンという物語を終わらせないのだともいえるかもしれない[10]。

4 超越的正気

このように、ジョーカー像は、ひとつに絞ることができない。つねに、そして同時に多数の意味をはらんで見える。逆にいえば、それは正体が見極められないということでもある。

たとえば、三部作の最初の作品『バットマン ビギンズ』の悪役ラーズ・アル・グールや、最終話『ダークナイト ライジング』のベインは明快な敵である。影の軍団の原理主義、ベインのOWS（ウォール街を占拠せよ：Occupy Wall Street）的主張は、誰にでも理解できるものである。それゆえ、バットマンも正面から戦えばよい

Grant Morrison's Joker," in R. M. Pleaslee and R. G. Weiner eds., op.cit.

10——Ryan Litsey, "The Joker, Clown Prince of Nobility: The "Master" Criminal, Nietzsche, and the Rise of Superman," in R. M. Pleaslee and R. G. Weiner eds., op.cit.

だけなのであるが、ジョーカーに対しては、その動機も行動も何もかもが予測不可能であるために、決まりきった戦い方はできない。つねに予測不能な相手の変化に対応を迫られるなかで、バットマンの行動も深く影響されずにはいられないことになる。

それでも、ひとつ明確な部分はある。それが、社会的シンボルの戦いであるという側面である。なぜなら、バットマンことブルース・ウェインは資本主義社会における支配階級に属しているのに対し、ジョーカーは彼らに支配され虐げられるいわゆる無産階級に出自をもつことが明らかだからである。

けれども、彼らの争いは階級闘争ではない。ジョーカーは共産主義者ではなく、無政府主義者だからだ。レーニンがアナーキズムと対立したのはどの部分だっただろうか。それは、共産党による「一党独裁」を目指したときだったのではなかったか。そして、それを暴力的に確立したのがスターリンであった。つまり共産主義は、社会主義達成のためには「組織化された権力」と、その「権力の圧倒的な行使」が不可欠であると考える立場なのである。

これに対し、ミハイル・バクーニンに代表される無政府主義は「あらゆる権威を拒む」というところに立つという大きな違いがある。「市民秩序のあらゆる結合と、すべての文化的用語を、法、財産、社会的慣習、倫理規則などもろともに破壊」するのが革命だとバクーニンは考えたのである。[11]

そういう意味では、ジョーカーの行為を革命のファンタジーとして読むことも可能であろう。なぜなら、ジョーカーが破壊しようとしているものはまさに、この「あらゆる権威」に守られた社会、すなわち「法、財産、社会的慣習、倫理規則など」によって「構築」された社会秩序なのであるから。

看護師服という衣装倒錯的な姿、すなわち社会が「構築」したジェンダーロールを破壊するイメージでデントの前に姿を現したジョーカーは、「決まり事」が、バスいっぱいの兵士を殺し、他方で政治家は傷つかないようにすると嘆いてみせる。「たとえ計画が恐ろしいものでも、それに従っている限り誰もパニックにならない」と不快げにいう。[12]

社会が構築物であるということ、表面上は法律や規則に従っている限りすべてがうまく行くように見えていながら、現実はそうではないということは、フェリーの場面を見ても明らかだろう。ジョーカーは、市民たちに「生き残るべき人間と、死んでもよい人間」を決めるという野蛮行為を強いることによって、社会が欺瞞に満

11──Richard D. Heldenfels, “More Than The Hood Wa Red: The Joker as Marxist,” in R. M. Pleaslee and R. G. Weiner eds., op.cit.
12──Randolph Lewis, op.cit.

ちた構築物であることを露わにしようとしたのである。また、『ダークナイト』に出てくるバットマンの模倣者たちも同様のことを証し立てている。なぜなら、もし社会秩序のための機構が十分であるという意識が浸透していたなら、誰も自警主義者になる必要はないからである。社会の秩序維持の機構そのものすらが、完璧に見えて実は不十分であるということである。

構築物であるのは社会だけではない。その社会を構成している、個々人もまた作られたものでしかない。なぜなら、ミシェル・フーコーが言うように、「人間には実現されるのを待っている、安定した本質、生得的なアイデンティティなどない」からである。つまり、アイデンティティは生誕時にたちあがる生得的な実存の側面ではなく、構築物にすぎないということである。また、ジュディス・バトラーが「あらゆるジェンダー化された行為は演技である」と言うように、同じことはジェンダーにもあてはまる。[13]

それでも、われわれがそんな不完全な現実を、不安に陥ることなく生きていけるのは、そこに幻想的政治が介在し、「調和への幻想」をもたらしているからである。つまり、現代の権力は、外的な訓治をもたらすものから、絶えざる内化された制御の権力へと移行していることになる。権力はいまや、われわれの外側にあるのでは

13——Eric Garneau, op.cit.

なく、われわれの内側にあるというのが現実なのだ。

こうした状況へのもっとも効果的な対抗策は、抗議や反抗ではなく、撹乱ということになる。抗議や反抗は、「調和への幻想」を壊されたくないという「慣性」的な力、「保守」的な力を呼び覚ます。現状を維持したいという欲求を喚起し、逆に自らを縛る規則や慣習へのしがみつきを産む。だから、アンチは、結局体制を補強するための刺激剤にしかならない。二項対立というのは、そういう意味では欺瞞なのだ。

ここで、一時期話題になった（そして、その脅威が消えたわけでもないのに、時間がたつと多くの人が忘れてしまった）環境ホルモンのことを思い出してみよう。環境ホルモンは、別名、内分泌撹乱物質と呼ばれる人工物質である、それは化学物質なのだが、人間のホルモンと近似した分子構造をもっている。それゆえ人間の体内に取り込まれたときに、ホルモンと同じような振る舞いをすることになり、発癌や不妊化などさまざまな弊害を起こすことになる。ここでは、化学物質は人間の体に対する「毒」として入るのではない。「毒」であれば、これを「中和」する「解毒剤」の開発が理論的には可能である。ところが、環境ホルモンは、「毒」としてではなく、「疑似ホルモン」として体内に入り、われわれの体がもつホルモンによる化学反応を支配することで、われわれの恒常性を攪乱する。つまり、敵として攻撃してくるのではなく、すでにあるシステムそのものに、すでにそのシステムに組み込まれたもの（＝味方、身内）を装って入り込み、攪乱するのである。

同様に、権力の論理もまた、攪乱することによってはじめて揺さぶることができるようになる。それ自体のパターンを使って壊すことで、その内容と形態両方の欠点を暴き出すということが必要となる。[14]

たとえば、バットマンは起源の物語によって生み出され固定されている。これも内的な制御の一つのかたちであるとジョーカーは教えてくれる。なぜなら、ジョーカーは、無数の起源物語をもつからだ。無数の起源物語を生み出すことで、ジョーカーは、一つのアイデンティティに押し込められるということを拒絶するのである。われわれは誰しも、自分の生育歴や自分史的なものによって自己規定しているが、その様式もまた支配の一つのかたちだと考えるわけである。人は自分のアイデンティティを構築できないと不安を感じる。けれども、そのためにアイデンティティを構築することで、自らの可能性を狭め、逆にそのアイデンティティに支配されるという逆転現象が起こる。

だから、アイデンティティの構築の儀式そのものを疑うべきだと、ジョーカーは

14――Vyshali Manivannan, “Never Give’em What They Expect: The Joker Ethos as the Zeitgeist of Contemporary Digital Subcultural Transgression,” in R. M. Pleaslee and R. G. Weiner eds., op.cit.

示唆していることになる。こうした、内面を規制する「支配的イデオロギーのみだらな儀式」を、力(force)ではなく、笑劇(farce)と見なすことで、そのような儀式に身をゆだねることを拒むのがジョーカーのやり方なのだ。こうすることで、規範が作られたものであることが露わになる。これはいわゆるデコンストラクション(脱構築)の行為であるといえる。[15]

ジョーカーの破壊行為が、「見せ物」の形を取るのもそのためだ。現代社会はギー・ドゥボール(Guy Debord)が言うところのスペクタクルの社会である。視覚イメージが、大衆の意識操作の最重要な道具となっている。だから、ジョーカーは、その支配の様式そのものを用いて文化的価値を攪乱する。「すべてのものは燃えるんだ」といいながら、一〇億ドルの札束を燃やすのだから。それは、拝金主義がきわまったアメリカ資本主義の本質を痛烈に見せつける行為となる。ジョーカーが、創造的破壊者とか破壊のアーティストと呼ばれるゆえんはここにある。[16]

さらにいえば、「支配的イデオロギーのみだらな儀式」の究極の形のひとつが、正気と狂気という文化的な規定の問題ではないだろうか。「文化的」コードを知悉《ちしつ》し、これに従える人間が社会では「正常」であるとされるが、これは逆に見れば、コードの内側へと人間を囲い込む強固な柵でもある。権力の要請を内化し、従順に

15——Michael Goodrum, "“You Complete Me”: The Joker as Symptom," in R. M. Pleaslee and R. G. Weiner eds., op.cit.
16——Randolph Lewis, op.cit.

これに従う者が「正常」と呼ばれるのだから。いわば「正常」と「服従」とは、裏腹であるともいえる。

これに対抗するためには、この「文化的」コードから逸脱してみせる必要がある。だから、ジョーカーはマジックだといって、鉛筆を人の頭に突き立て、マフィアの子分に手榴弾で猿ぐつわをする。さらには、ウェインのパーティー会場で、レイチェル・ドーズを捕虜にしたとき、「彼女を放せ（Let her go）」というバットマンの要求に応えて、彼女をペントハウスの窓から落とす（＝Let her go させる）。マジックが前提とする「種も仕掛けもある」という文化的コード（マジックだと、人の頭に刺さったと見える鉛筆は、実際には刺さっていない）、命を奪うのではなく声を出せなくするのが猿ぐつわであるという文化的コード、「彼女を放せ」という言葉の通常の文化的コードにしたがった理解を、あえて拒絶してみせるわけである。[17]

思い起こせば、ティム・バートン版『バットマン』の冒頭で、ジョーカーがゴッサム美術館の客を毒ガスで殺し、十九世紀の画家に扮した姿で、プリンスの音楽に乗りながら名画を破壊した行為も、同じ意味で読むことができる。経済的な登記物件となり、商品化がなされた美術作品を、街角のウォールペインティングの素材となる壁と同様の扱いにおとしめることで、資本主義の下で芸術がいかにゆがんだ位

17——Vyshali Manivannan, op.cit.

置に置かれているか、そのような文化コードをわれわれがいかに無意識に受け入れているかを、ジョーカーは見せつけたのであった。[18] ウォールペインティングそのものが商業化されたキース・ヘリングの事例の逆転現象、すべての芸術作品を、商業化される前の路上のキース・ヘリングに返す作業と見なすこともできるだろう。

正常／異常という境界線を超える最も強烈な身振りに当たるのは、コミック版『バットマン』シリーズに登場する精神病院「アーカム・アサイラム」の精神科医がジョーカーを指して用いた「超越的正気（super-sanity）」という表現であろう。いたずら者の道化師から、サイコパスの殺人者まで自在に変容してみせる特定不能なジョーカーのアイデンティティ、会話をしている最中にもめまぐるしく人格が入れ替わるかに見える、ジョーカーの気質を指したものである。その精神科医は、ジョーカーの知覚やその処理が、完全に自由で抑制されていない状態にあると述べる。そして、それは現代の都市や情報化社会に適した変容であるという。正常／異常の境界線を超える勇気と、これを表現してもよいかもしれない。[19]

そして、そのような勇気は、克己からもたらされる。ジョーカーは殺人的な怒りに身を任せたり、精神異常者のように振る舞ったりする。それは傍目《はため》には狂気と映る。けれども、ジョーカー本人にとってそうした言葉は無意味なものにすぎない。

18――Johan Nilsson, op.cit.
19――Vyshali Manivannan, op.cit.

なぜなら、彼は自らの力への意志に従って振る舞っているだけだからである。その意味で、彼はつねに笑顔で前へと進む。彼を縛り付ける法も、道徳も存在しない。ニーチェによれば、道徳は「善と悪という言葉から始まる」。この道徳は、支配者や貴族の道徳であり、支配者がこの道徳を作り出して定義づける。ところが、ジョーカーは、自らがこの支配者の位置に立つのである。彼が自分の行為を通して定義づけたこと、自分にとって利となる行為を善と見なすのである。後悔を知らないジョーカーは、だから新しい道徳の創造者でもあることになる。[20]

5 不安定化という主題

ただしジョーカーの道徳は、既存の道徳とは真っ向から対立するものとなる。それを道徳と呼んでしまうと、道徳とはなんであるのかがわからなくなってしまう。ここにも攪乱の力が働いている。同じ道徳と称しながら、その中身が骨抜きになり、まったく違うものにすり替えられてしまうのだから。

つまり、攪乱がもたらすのは不安定さなのだということである。環境ホルモンが

20——Ryan Litsey, op.cit.

癌や不妊化といった、生物としての生命維持の秩序、再生産のシステムを不安定化するのと同様に、ジョーカーは、社会を、そして観客＝個人のアイデンティティをも不安定化する。

映画の中では、三つのレベルでの不安定化が進行する。

まず、社会や体制の指導者たちが、ゴッサムの断片化を加速しようとするジョーカーによる圧力の増大にさらされる。要人たちが次々と殺され、あるいは次なる殺人の予告がなされ、「権力者」という称号の不確かさが露わにされる。市民を守るはずの警察の内部にも裏切り者が出る。社会の安定を約束するはずのものが、すべて不安定化してゆく。

次いで、バットマンが影響を受ける。ジョーカーとの接触が増えるにつれて、バットマンの行動がジョーカーに似てくるのだ。バットマンは、尋問に暴力を用いたり、携帯電話の盗聴という違法な手段でジョーカーの居所を突き止めようとしたりする、そして最後には、デントを殺すというかたちで、自分の「一つの規則」すら破ってしまうことになる。

それだけではない。ジョーカーの存在は、従来の映画と観客の間の伝統的な関係性さえ破壊し始めることになる。アイデンティティをこの社会にもたない存在、この社会のルールが通用しない存在、そして決して死ぬことがなく、映画が終わっても消えない存在、そんなものを見る体験は、確実に観客の心に作用するはずだからである。[21] オーロラ事件のようなかたちで、ジョーカーに感染した者が現れたのも、そうした作用の一例であるし、すでに見たオバマ＝ジョーカーの強烈な政治的求心力は、まさにジョーカーが観客の無意識に強く影響を与えたからこそ発揮されたものであったといえるだろう。

さらにいえば、ジョーカーは、映画の途中で、映画の外に出ていたりもする。撮られる主体であるはずなのに、自在に撮る主体にも変化するからである。ジョーカーがバットマンの模倣者を捕らえて殺す場面を想起しよう。それは、テレビをジャックして流されたビデオであるが、そのビデオが映画の画面いっぱいになる瞬間がある。その瞬間、理論的には撮り手であるジョーカーは、映画のフレームの外に存在していることになる。それはまるで、自分は映画の中にでも外にでも自由に行き来できる、とでも言いたげな振る舞いと映るのではないだろうか。

物語の筋から、観客とヒーローとの関係性までが、ジョーカーがもたらす不安定性の影響を受けることになるわけである。

21──Michael Goodrum, op.cit.

先に見たデコンストラクションの手法をジョーカーは巧みに活用する。生理学的な恐怖、不安、安堵を通して、情動的な教化をおこなうという制度的権力が用いている機構を利用するのである。「北朝鮮が、実験のために、沖縄上空を通過するミサイルを発射した」というニュースが、二〇一六年の二月四日に各大手新聞紙やテレビ局のニュースで流された。けれども、同じ出来事を海外のメディアである『ロイター』通信社は「北朝鮮が人工衛星を打ち上げた」と報道した。実際、打ち上げられた衛星が地球を巡る軌道に乗ったことも確認されたという。とすれば、これはまさに日本国民を情動的に「教化」せんとして、制度的権力である自民党政府が、マスメディアを利用しておこなった「恐怖、不安」を用いた機構が発動した場面と捉えるべきだろう。[22]

ジョーカーが、銀行を襲ってギャングの金を奪うこと、市長などの権力者を殺すこと、マスメディアを利用して市民を操作すること、病院を爆破すること、一般市民が乗ったフェリーと囚人が乗った二隻のフェリーそれぞれの乗客に、相互に相手の船を爆破せよとせまること、そのすべてが、この社会の成り立ちを問いかけるために、「恐怖、不安」による不安定化をもたらす行為であると見なしうる。銀行は資本主義の象徴であり、アメリカという国を覆う拝金主義の象徴である。マスメ

22――①「北朝鮮による「人工衛星」と称する弾道ミサイル発射事案について（1）」首相官邸記者会見、二〇一六年二月七日　http://www.kantei.go.jp/jp/tyoukanpress/201602/7_a.html
② Andrea Shalal and David Brunnstrom, “North Korea satellite in stable orbit but not seen transmitting,” *Reuter US edition*, Wed Feb 10, 2016, 12:24pm.

ディアはまさに権力による大衆教化の最大の拠り所であるし、病院もまた先に見たように皆保険制度のないアメリカでは格差社会を象徴するものである。二隻のフェリーの乗客に相互に相手を爆破するよう強いることは、この社会で果たして囚人の命を一般市民より劣るものと見なしてよいのかと、われわれに問いかけるものとなっている。

けれども、何よりもジョーカーが不安定性を与えようとしているのは、ゴッサム市民に対してよりも、やはりバットマンに対してである。そのための最大の布石は、やはりハービー・デントへの誘惑であろう。

映画のなかでハービー・デントは、イデオロギー的な投資対象として作られた人物像であった。イデオロギー的な投資対象というのは、道具的な存在としての検事ではなく、ゴッサム市民の願望の実現を託された存在という意味である。すなわち、デントは、ゴッサムの秩序を回復し、街を救うことができる唯一の存在だったのである。だからこそ、ジョーカーは、ただ単に彼を殺すということをせず、彼を堕落させるということを選んだわけである。ゴッサム市民の願望を背負った人物が堕落するということは、彼に投資された信頼が破壊されるということであり、その信頼を請うた体制そのものを信じられないものに変えることにつながるからである。

http://www.reuters.com/article/us-northkorea-satellite-orbit-idUSKCN0VI1XN
①では、「人工衛星と称するミサイル」と表記されているが、②では、ミサイルではなく衛星であって、その衛星が軌道上に乗ったことが書かれている（ただし、地上との通信はできていないようだとのこと）。

そしてジョーカーがつけ込んだのは、彼の唯一の弱みであった部分、すなわち、婚約者のレイチェル・ドーズであった。彼女とデントを同時に誘拐し、それぞれかけ離れた場所に爆薬とともに監禁する。爆薬には時限装置が備え付けられており、身動きならない二人は電話を通じて互いに話ができるようにされている。

このお膳立てをしておいてから、ジョーカーは限られた時間のなかで同時に両方の時限装置が起動することを告げる。バットマンはレイチェルを救いに駆けつけ、間に合うのだが、そこにはレイチェルの代わりにデントがいる。ジョーカーは、二人の居場所をわざと入れ替えて教えたのだ。一方、レイチェルの救出にはゴードン警部補を中心とした警察が向かうが、こちらは間に合わず、レイチェルは死んでしまう。そして、電話を通して、デントはレイチェルの最後を知り、己の無力を悟る。やけどを負って病院に収容されたデントの枕元に、ジョーカーが現れる。ジョーカーは、二人が誘拐されたのは、腐敗した警察内部にジョーカーとの内通者、あるいはジョーカーの命令に逆らえない者がいたせいであると告げる。

かくして、デントはレイチェルの死に責任があると見なした警察への復讐に乗りだす。顔の半分が爆破によるやけどでケロイド状になったデントはいまや、二つの顔をもつ存在、すなわちトゥーフェイスとなったのである。

ここにおいて、ジョーカーはデントに二つの無秩序を与えたことになる。ひとつは、イデオロギー的投資の対象であったデントを光の騎士から殺人鬼へと変貌させることによって、不安定性が支配するチャンスを作ったということである。もうひとつは、デントが、実際に殺人に手を染めたことで、彼を一般的な犯罪者の地位にまでおとしめたことである。[23]

不安定性を象徴するように、デントはこれまで常用していた両面が表になっているコインを、表裏のあるふつうのコインに変えた。両面が表というあり得ないコインを捏造し、自分には必然しかあり得ないとでもいわんばかりに、運命を確定的なものへと操作していた男。その男が、いまや普通のコインを投げてこの世の偶然に身を任せる存在となった。すなわち、絶対的な安定性から、不確定で、不安定な状態へと堕したことになる。

コインの偶然性に操られるデントは、最終的にはゴードンの幼い息子を殺そうとまでする。つまり、不安定の極みに至るわけで、ここでやむを得ないかたちであったとはいえ、子供を守るためにバットマンはデントを死に至らしめてしまう。ここにおいて、ジョーカーのもたらす不安定性が、バットマンに決定的に感染したことになる。なぜなら、デントを殺したことで、バットマンもまたその安定性の象徴で

23——Michael Goodrum, op.cit.

あった殺さないという「一つのルール」を破ってしまい、不安定な状態に陥ったことになるからである。デントを用いたジョーカーの罠はついに、バットマンをヒーローたらしめていた唯一の規範を剝ぎ取ったのである。

さらに、バットマンは予測不可能な行動に出る。デントの犯した殺人の罪を自分が引き受け、逆にデントを最後まで安定したヒーローとして残そうとする。デントに与えられていたイデオロギー的な投資、すなわち市民の期待をそのままに保つために、自らがデントの罪を引き受けようとするのである。かくして、バットマンはもはやヒーローではなくなり、一般的な殺人者と同じ位相の犯罪者となり果てる。バットマンをバットマンでなくしてしまったという意味では、ここにジョーカーは完全な勝利を収めたことになる。

フェリーのシーンもまた、同様の効果をもつ。海上に浮かぶフェリーに閉じ込められた市民たちが、いやおうなく気づかされることのひとつは、ここでは、ゴッサムの秩序を陰で守っているバットマンも、秩序回復の期待を一心に背負うデントも、助けに来ることができないということである。現実の危険から真に体制を守れる者はいない、ということをジョーカーは市民に突きつけ、体制のもろさを市民に思い知らせるという「恐怖を通した教化」をおこなうわけである。「恐怖を通した教化」

は体制が支配のために使う手法そのものであったことを思い出そう。

かくして、救世主は現れないことを思い知らされた市民たちは、相手の船を爆破することでしか自分の船を守れないという状況に置かれる。そこで、彼らが最後に依拠しようとするのは、民主主義の根本原理である多数決である。体制の原理に従うことで状況を乗り越えようとするわけである。そこでは、一般市民と犯罪者、どちらの命がより重いかということが議決の対象となる。ここには、体制の内部に、一般市民と犯罪者では「一般市民の命のほうが価値がある」という暗黙の前提が潜んでいることが明るみに出されもする。

ところが、多数決の結果、相手の船を爆破するということになったにもかかわらず、誰も起爆装置を押そうとはしない。一隻の船を爆破して、多くの囚人の命を奪うことへの最終的な責任を背負う勇気がもてないのだ。かくして、多数決による決定は実行されず、民主主義の原理は無効化する。[24] ここでも、民主主義という体制のもつ論理そのものを通して、民主主義の不可能性が明るみに出されるという脱構築がおこなわれている。

さらに、答えは出ているが、誰もボタンを押すことができないという市民の乗った船の膠着状態と対照的に、囚人たちの乗った船では果敢な決断が下される。一人

24——Richard D. Heldenfels, op.cit.

の囚人が、起爆装置を海に投げ捨ててしまうのだ。つまり、「自分のために他人を殺さない」「自分たちの命と他者の命と天秤に掛けない」という高貴な選択ができるのは、体制側の市民ではなく、そこからはみ出したとされる囚人たちの側となるのである。ここでは、囚人は「自己本位で反社会的」という体制の用意したレッテルが剝ぎ取られ、むしろ囚人のほうが市民よりも人道的であるという逆転現象が起きる。体制が用意する物語の期待の地平が覆されるのである。[25]

かくして、市民社会、民主主義といった体制の基盤が不安定化することになる。

このように、ジョーカーはあらゆるものを不安定にしてしまう。確かなものは何もない、というのがジョーカーの教えなのだ。

6 何者でもないということ

このような不安定化の作業はなぜ可能なのか？

それは、ジョーカーの存在の位相を反映するからだ、というのが答えになりはしないだろうか。

25──Johan Nilsson, op.cit.

なによりも不安定なのはジョーカー自身だからである。けれども、それは選ばれた不安定、生き方としての不安定である。

たとえば、ジョーカーの嘘がもたらす効果について考えてみよう。

ジョーカーは平然と嘘をつく。冒頭の銀行強盗の場面から、ジョーカーは仲間を騙している。仲間だと思っている者同士にドミノのように次々と殺し合いをさせ、最後には自分一人になってしまう。一つの行程が終わるごとに、次の行程を引き受ける者が前の行程を担当した仲間を殺していく。そして、金を無事に強奪し、スクールバスに積み込んだ時点で、その作業をした仲間たちをジョーカーが殺すのだから。「仲間」というのは完全な嘘で、連鎖的に嘘でつながっていたことが明らかになる。結果から見れば、ジョーカーは最初から一人だったのだ。バットマンにデントとレイチェルの居場所をあべこべに教えるのもそうだし、アジトで、子分を捕虜に、捕虜を子分に扮装させて配置しているのもそうである。映画は、全編にわたって嘘で染め上げられているわけだ。

無論、ジョーカーに言わせれば、「約束事」や「決まり」でさまざまな矛盾を覆い隠している社会そのものが大嘘つきということになるのだろうけれど。だとすれば、ジョーカーが嘘をつくのは、社会が嘘で成り立っているということの暴露の作業なのだといえるかもしれない。

そんなジョーカーのさまざまな嘘のなかでも、もっとも印象的なのは、自らの出自、すなわちアイデンティティにかかわる嘘である。ジョーカーで一番特徴的な部分は口の両側に広がる傷であり、それを強調するかのように施された、顔が割れたかのような口のメイクである。

その傷をめぐってジョーカーは、互いに齟齬する逸話を得々と披瀝する。最初は、これは虐待する父親によってつけられたものだといい、次には自分でつけたのだという。さらに、バットマンにも別の物語を語ろうとする。結果、傷の起源をめぐる物語は空無化し、起源が不明となる。つまり、何がほんとうなのかがわからなくなってしまう。アイデンティティの拠って来るところが不安定化するのである。

逆にいえば、ここでは傷の起源をめぐる逸話のアセンブラージュがおこなわれているともいえる。ジョーカーは、互いに相容れない起源物語の集合として表象されることになる。

少し先走りすぎた。

もう少しジョーカーの不安定性について考えてみよう。

ジョーカーには、社会との接点がないように見える。DNA鑑定をおこなっても既存のデータのどれとも一致しないし、歯科記録もない。着ている服もありふれたもので、本名もわからない。運転免許証ももっておらず、デパートで買い物をすることもなく、歯医者にも行かない存在である。さらには、道徳や価値観をもたないだけでなく、自我の感覚すらもっていないかのように見える。[26] そんな人間が存在しうるのだろうか？と誰もが思ってしまうようなあり方なのである。

その点で、映画の中のほかのどの登場人物とも違っているし、お金を払って映画を見ている法に忠実な観客たちとも違っている。観客はまず、そのようなジョーカーの存在の位相にふれて、自分たちの安定した社会的存在としての位置が、不確かなものになるのを感じることになる。通常であれば、犯罪者にだってこれらの要素はそなわっているはずなのであり、それらをもたないということは、この社会システムの外側にいる人間が存在するということの証左となる。社会システムが閉じた体系ではなく、その外部が存在するとしたら、この社会は相対化されざるを得ない。完全な閉じた系として、それだけが唯一の選択肢であるかのように市民に思わせることができなくなってしまう。

26――Jilian Gilmer, "The Masked Menace: Ideology, "Unbecoming", and the Emergence of the Id Monster in Christopher Nolan's Dark Knight Trilogy," Dept. of English, University of Colorad0 at Boulder, Defended on April 3rd, 2003; Emmanuelle Wessels and Mark Martinez, op.cit.

さらには、ジョーカーは一貫した人格すらもたないように見える。たとえば、『ダークナイト』で、ジョーカーがバットマンの模倣者を尋問する場面を思い起こしてみよう。ジョーカーは、ホッケーパッドをつけたバットマンの模倣者の愚かさを笑ったかと思うと、間髪おかずに街の高官を暗殺するという脅しをし始める。つまり、一瞬でいくつもの気分が入れ替わるように見えるのである。

バットマンものを手がける高名なコミック作者であるグラント・モリソンは、そんなジョーカーのことを「おそらく彼は、二十一世紀における多元的人間の一級のモデルなのだろう。自我をカジノのディーラーのようにシャッフルして扱い、それによって衝撃を緩和し、悲劇と恐怖という鉛を、呪われた者の恐ろしく、混沌とした黄金の笑いに変換する錬金術を執りおこなう。彼は特別であって、不気味な心の傷を負い、精神を病んだために、自己破滅的な暴力を無限に繰り返すことに中毒してしまった存在なのではない。それよりもっと奇妙なことが起こったのだ」と述べている。[27] 実際、モリソンの「真夜中の道化師（Clown at Midnight）」でジョーカーは瞑想状態に入る。そこで自分の過去の自我を検証し、意識的にそれらから選択して、新しい「超人格」を生み出す。自らの人格を自ら編集し直すわけである。また『バットマン：キリング・ジョーク』では、ジョーカーは自分の過去を選択肢とし

27――Mark P. Williams, op.cit. p.223.

て回想し、「時にはあるかたちで思い出し、別の時には別のかたちで思い出す。もし過去をもつことがあるなら、選択肢があったほうがいいな」と語る。[28]

あるいは、先に見た「超越的正気」について思い起こしてみるとよいだろう。これは意識の進化の次の段階としての多重人格であると評されているが、つまりは確固たる自我をもたないことによって、ジョーカーは情報洪水のなかで、日々新たな自我を作り出すことができることになる。それは、「彼は絶えず違う存在になって戻ってくる……絶えず自分を再創造しているんだと思う」と評される。[29] ポストモダニズムの折衷主義を自らの人格で実践していることになる。

かくして、彼は、「診断に挑む」患者となる。確固たる自我をもたない患者をどのようにして診断することができるだろうか。また同時に彼は、ランダムできまぐれな暴力がますます日常の一面となりつつある二十一世紀のアメリカ文化の文化的時空間とも響きあうことになる。[30]

ポピュラーカルチャー専門のフリーランスライターであるエリック・ガルノー(Eric Garneau)は、『ダークナイト』のジョーカーを指して「ブリコラージュ」という用語を使っている。この映画のジョーカーは、これまでの無数のジョーカー物語を寄せ木細工のようにつなぎ合わせたものだというのである。けれども、冒頭で

28——David Ray Carter, “Episodes of Madness: Represeitations of the Joker in Television and Animation,” in R. M. Pleaslee and R. G.Weiner eds., op.cit.
29——Ibid.
30——Robert Moses Pleaslee and Robert G.Weiner eds., op.cit, Introduction.

見たオバマ＝ジョーカーの例を思い出すとき、このジョーカーの流動性、非固定性、あらゆるものを接続して変化し続ける性格は、インスタレーションとしてのブリコラージュよりももっと動的なものだといえるのではないだろうか。だから、このようなジョーカーの変化し続ける多様性をむしろ、アセンブラージュと見なしてはどうだろうか。固定することなく変化し続ける、可能性の集合、開かれた集合、絶えず生成の途上にある集合としてジョーカーを捉えるということである。それは、固定を知らず、未知のものとの結合に向けて常に開かれた「状態」としてあり続けるということである。だからこそ、オバマ＝ジョーカーのような変奏も、ジョーカーにとっては容易なものだったということができるわけである。[31]

つまりジョーカーの本質は固定を知らず、中心を欠いていることにあるということになる。たとえば、オバマ＝ジョーカーは、黒人であるオバマを白人に変えすらしてしまう。このポスターでは、そのことが逆に、黒人なのに白人のように振る舞おうとしているオバマへの敵対者の怒りを視覚化する結果となったとはいえ、別の意味では、ジョーカーはオバマに白人性をアセンブラージュして、白人としてpass（或る人種の人間が、別の人種の人間として通用すること）する能力を与えもしたというこ

31——Eric Garneau, op.cit.

とになる。

このことは、イギリスのスリラー作家ダンカン・ファルコナー（Duncan Falconer）が用いる「プリズマティック・エイジ」という呼称とも響きあう。ファルコナーによれば、スーパーヒーロー物語は、ゴールド・エイジ、シルバー・エイジ、ブロンズ・エイジ、ダーク・エイジを経て、いまはプリズマティック・エイジにあるという。ここでは、あらゆる潜在的な物語が起こり得るが、同時に、実際に起こった物語もまた、潜在的に転覆可能であり、それゆえ同じ一貫性のなかに平板化されるという。[32] 七十年に及ぶバットマンの歴史における、図像的、言語的なすべての場面、すべての物語が潜在的に使用可能なものとなるということである。これこそが、まさに中心なきポストモダンの情景なのであり、それをもっとも見事に体現してみせているのがジョーカーだということになる。[33]『バットマン:ロングハロウィーン』に登場した六インチの歯をもつジョーカーと、『キリング・ジョーク』のふつうの歯をもつジョーカーのいずれもが、潜在的な可能態として控えているというわけだ。[34]

時代とのつながりという観点で、ドイツのデュイスブルク‐エッセン大学で文学や文化論を講じているマーク・P・ウィリアムズ（Mark P. Williams）は、ジョー

32——Mark P. Williams, op.cit.

33——Ibid.

34——Ray O. Cook, “Does the Joker Have Six-Inch Teeth?,” in R. M. Pleaslee and R. G.Weiner eds., op.cit.

カーとレディ・ガガの近似性について論じている。これによると、過激な発言で有名なフェミニズムの理論家であるカミーユ・パリア（Camille Paglia）は現代を「ガガ世代（Generation GAGA）」と呼んでいる。これは、ガガファンだけを指して言った言葉ではなく、屈折された文化のかけらを寄せ集めることでアイデンティティが形成される、曖昧で相対的な沼地のような世界に暮らすわれわれすべてのことを意味している。この世代は、あらゆるものがメディアによって屈折させられている時代、「時系列や連続性、価値の区別などが失われ棄却された、相対主義の文化的虚無のなかで育くまれた……それは境界線のぼやけた世界である。……無計画に広がるウェブの無秩序の中で、事実と虚構の境界線が溶け去ってしまっている」というのである。[35]

周知のように、レディ・ガガもまた確固たるアイデンティティを示すことがなく、常により突飛で派手で折衷的な衣装あるいはコンセプトで楽曲を提供してきた。この路線の創始者は「ＭＴＶ時代のバービー人形」と呼ばれたマドンナであるが、レディ・ガガは、この方向性をより過激なかたちで実践したといえる。

こうした完璧な作り物としての自己イメージを絶えず再創造する自由について、マーク・Ｐ・ウィリアムズは、ミズーリ大学で英文学を研究しているアン・Ｔ・ト

35——Eric Garneau, op.cit.

ルーシオ（Ann T. Torrusio）の「怪物化（monstering）」という用語をもちいて説明しようとする。ガガの絶えざる変容のさなかに、観客は自分自身をかいま見るチャンスを得るというのである。ガガはこう言っている「わたしは、わたしのファンであろうがなかろうが、世界の人々が本質的にわたしを逃避の手段として使うことを望んでいるわ。わたしは王国の道化師なの。世界の外へと出るための通路なのよ。自分のアイデンティティを探すための口実なのよ[36]」。つまり、アイデンティティが固定されていないこと、本論の趣旨でいえば、不安定で、常にアセンブラージュに向けて開かれていることは、なりたい自分に意のままになれるということにもつながることになるわけだ。ジュディス・バトラーの演技性の概念によれば、「アイデンティティとは、リハーサルされた実践の組み合わせにほかならない」のだから[37]。

ファンタスティックなものと現実的なものの間の解釈を交換し、対峙し、妥協不可能と思われるものを受容することが可能だというのが、レディ・ガガのそしてジョーカーの教えなのだということもできる。この場合、不安定になることは、不安をともないながらも救いであり、可能性でもあることになる。そもそもわれわれ自身にも固定したアイデンティティなどないのだ。われわれ自身もまた常に絶えざるアイデンティティの構築を目指してアセンブラージュを続けている存在なのだと

36──Ibid.
37──Ibid.

考えてみること。この瞬間、ジョーカーは、恐怖の存在、不確実さの不安をもたらす存在から、現代の情報過多の時代を生き抜く知恵を与えてくれる導士《グル》へと変貌する。いや、そういう側面を、変化し続けるアセンブラージュのなかに、われわれはかいま見る瞬間をもつ、ということなのかもしれない。

7 バットマンとジョーカーの階級闘争

ジョーカー「奴は、あんなすてきな玩具をどこで手に入れたんだ?(Where does he get those wonderful toys?)」(『バットマン』(一九八九年))

対するに、バットマンには、不安定化を拒まねばならない理由がある。それは、資本主義の問題と深く関わってくるものである。

端的にいえば、バットマンとは支配階級の代表なのである。つまり、見方によっては、バットマンのストーリーは、支配階級の代表としてのバットマンが、階級システムを破壊しようとするジョーカーから体制を守ろうとする物語だともいえることになる。

ジョーカーは、バットマンの模倣者を捕らえて、「これがバットマンがいかにゴッサムをおかしくしたかを示すものだ」と語り、バットマンこそが社会の秩序を乱す元凶であると指摘する。とはいえ、ここには若干の嘘が含まれてもいる。そのような状況を引き起こした背景には、ジョーカーとバットマンの争いがあるからであり、自らもまたそうした不安定さの原因であることをジョーカーはあえて口にしない。これまで見てきたように、すべての秩序を不安定化することこそが、ジョーカーのねらいなのだから。これに対して、バットマンは、自分は安定をもたらす力だと主張する。けれども、この安定とはいったい誰にとっての安定なのだろうか。[38]

思い出すまでもなく、バットマンのもうひとつの自我《オルターエゴ》であるブルース・ウェインは、ウェイン・コーポレーションという財閥の総帥である。試みに、バットマンが誕生する契機となった両親の殺害という事件に立ち返ってみよう。その夜、彼らは「着飾って」「オペラ鑑賞」に行っていたのではなかったか。彼らを襲ったのは無産階級のコソ泥で、彼の狙いはウェインの母親が身につけていた「高価な宝石」だったのではなかったか。とすれば、バットマンは、その誕生の逸話からすでに階級的対立をはらんでいたことにはならないだろうか？

38——Michael Goodrum, op.cit.

また、さきほどあげた「奴は、あんなすてきな玩具をどこで手に入れたんだ？」という ジョーカーの台詞もまた、彼らの階級的な差異を露わにしている。この台詞は、ティム・バートン版『バットマン』（一九八九年）において、ジョーカーに襲われた女性カメラマン、ヴィッキーを救いに来たバットマンが、手にしたグラップネル・ガンという装置から壁に向けてワイヤーのついたアンカーを打ち込む場面で使われる。その打ち込んだ場所まで、ワイヤーを巻き取ることで、ヴィッキーを抱いたまま、バットマンは空中を移動したのであった。このように、スーパーマンのような超人ではなく、普通の人間であるバットマンが敵との間に圧倒的な力の差を築くことができるのは、バットスーツやバットモービル、ユーティリティベルト、バットラングなどの様々なハイテク機器の助けのおかげである。

これに対し、「俺は安いものが好きだ」とうそぶくジョーカーは、ナイフ、ガソリンとライター、高くてもダイナマイト程度の、誰にでも手に入る武器しか使わない。バットマンがグラップネル・ガンを使う場面の直前にジョーカーが使ったのは、紫色のスーツの胸につけた花飾りから強酸性の液体が飛び出すという、（作ろうと思えばだが）誰にでも作れる武器でしかない。つまり、使用する武器のレベルですでに高額のハイテク機器と、庶民のローテクという格差が歴然として存在するのである。

さらにいえば、バットマンは上流階級の英雄という伝統の系譜に連なる存在でもある。アメリカ革命期に〝マッド〟・アンソニー・ウェイン（Mad Anthony Wayne）と呼ばれた将軍があった（次ページ上の図版参照）。彼は、アメリカ独立戦争で活躍し、北西インディアン戦争を終結させた英雄であった。実は、この人物は、後の映画俳優ジョン・ウェインの名前の元になった人物（彼の最初の芸名はなんとアンソニー・ウェインそのものだった）でもあり、バットマンのもうひとつの顔がブルース・ウェインになった理由でもある。このアンソニー・ウェインは、上流階級の「紳士」ということになっていた。

また、アメリカン・スーパーヒーローの原型といえる『怪傑ゾロ』は、一九一九年にパルプ雑誌に登場したが、義賊であり「紳士」であるという性格付けがなされていた。また、バットマンに先立って一九三三年パルプ雑誌に登場したファントム探偵（The Phantom Detective）の正体は、若き大富豪リチャード・カーティス・フォン・ローンということになっている（次ページ下の図版参照）。

つまり、バットマンはこのような上流階級的な「紳士」像、そして富裕階級の英雄という伝統を継承し、自分たちが属する上流階級の地位を維持する役割を担っていることになる。つまり、バットマンは本質的には、階級制と特権的権力を基盤と

した覇権的秩序を保持することを使命とした存在なのだということになる。要するに、彼は資本主義の擁護者なのである。[39]『ダークナイト ライジング』が、このことを如実に証し立てていたことはいうまでもないだろう。なにしろここでは、ＯＷＳ的主張を掲げて、市民革命を目論むベインから、バットマンは資本主義社会を守ったのだから。

　対するジョーカーはどうだろうか？　たとえば、『キリング・ジョーク』では、ジョーカーの出自はこのように語られる。一人の失業中の男がいる。つまり、彼は

39――Richard D. Heldenfels, op.cit.

資本主義社会に参入を許されないまま無産階級の地位におとしめられていることになる。男の妻は妊娠しているが、赤ん坊のほ乳瓶ヒーターが不良品であったために、それに感電して死んでしまう。つまり、悪しき商業主義とモラルの低い産業が彼の妻を殺したということになる。男自身もまた、やっとありついた工場での仕事中に、化学物質を浴びて体の表面を壊されてしまう。つまり、ブルース・ウェインに特権を与え続ける資本主義が、男には貧困と絶望だけを与えたことになる[40]。

すでに見たように、これはジョーカーの起源物語のうちのひとつにすぎない。けれども、少なくともバットマンの過去にはこのような選択肢は存在しない。社会に所属しないという意志を示し、膨大な紙幣を燃やすジョーカー。「決まり事が兵士を殺す」とブルジョワ社会の決まり事を批判するジョーカー。彼が露わにしようとしているのは、われわれが資本主義的システムに無関心に依存しており、毎日物を安く享受するために、排除され搾取される者の隠された犠牲を抑圧しているという事実、すなわち資本主義の矛盾なのである[41]。

ジョーカーとバットマン、あるいはブルース・ウェインの関係には、まずこのような資本主義をめぐる階級的対立を見る必要がある。

40——Ibid.

41——Shaun Treat, “How America Learned to Stop Worrying ang Cynically ENJOY! The Post-9.11 Superhero Zeitgeist,” Communication and Critical / Cultural Studies, vol.6, No.1, p.107.

8 「症状」としてのバットマンとジョーカー

バットマンとジョーカーの関係性については、他にもいろいろなことが言われている。たとえば、二人は完璧なシンメトリーをなしているという見方がある。バットマンがクールだとしたら、ジョーカーはもっとクールである。二人はイエスと悪魔、ホームズとモリアティ、トムとジェリーのように完璧なシンメトリーをなしている、というのである。[42]

あるいは、アラン・ムーアとともにアメリカを代表するコミック作家であるフランク・ミラー（Frank Miller）は、バットマンの敵として登場するすべての悪漢は、バットマンの個性や役割のなんらかの側面の反映なのであり、その意味でバットマンの影なのだと述べている。さらにミラーは、バットマンとジョーカーの間にはホモエロティックな関係が言外にニュアンスとして伝えられているという。コミック『ダーク・ナイト・リターンズ（Dark Knight Returns）』において、ジョーカーはバットマンが引退したために、悪事を働く意欲すら失っている。ところが、新聞でバットマンが復活したのを知るや「ダーリン」と呟き、収容されていた精神病院

42──Robert Moses Pleaslee and Robert G. Weiner eds., op.cit, Introduction.

を脱走して再び悪事をし始める。なるほど、映画『ダークナイト』では、女装したナース姿まで披露するジョーカーには、男性性と女性性が共存しているようにも思われる。[43]

さらに、興味深いのは、スーパーヒーローとアメリカ社会の関係について研究しているカンタベリー・クライストチャーチ大学のマイケル・グッドラム（Michael Goordum）が提示する「徴候（symptom）」という概念である。「徴候」というのは、フランスの哲学者スラヴォイ・ジジェクがもちいている用語であり、社会の矛盾を隠蔽するために作り出された出来事や存在を指す。たとえば、ヘイトスピーチの背後にあるものは、失業や経済問題などの社会経済的問題である。そうした社会経済的状況における「被害者」意識が、目に見える在日朝鮮人という存在に対して投影されたものだとすれば、在日朝鮮人は、社会のほんとうの矛盾を隠蔽するために表層にあげられた「徴候」だということになる。

社会というシステムは常に矛盾をはらんでいる。その矛盾の徴候として現れるのがバットマンとジョーカーである。けれども、それは社会を維持するために必要とされるものであり、規範からの逸脱と見えながら、実のところは規範の一部なのである。バットマンとジョーカーは、自警主義者と犯罪者として、互いが互いを作り

43——Dylan Fort Megg, "Why not rule the world? Nietzsche, the Uvermensch, and Contemporary superheroes," University of ennessee Honors Thesis Projects, Univ. of Tennessee, Knoxville, 2009, p.16-7.

出し、定義する手助けをしあうことになる。そして、その延長線上で自分たちが暮らす社会を作り出し、定義するという。具体的には、バットマンやデントが押し進めようとした秩序への欲望が、ジョーカーの出現を促し、街が破壊される寸前にいたる状況へとつながるわけである。

さらにわかりやすく言えば、正義の味方がいるから悪漢が生まれるということになる。バットマンの存在が、悪漢を要請するのであり、バットマンが正義を守るために超法規的な力を行使し、全体主義的な行動をとるがために、彼が守ろうとする民主主義そのものが不可能となるのである。かくして、バットマンの戦いは終わることがない。いや、終わることができないのである。目の前の敵を倒したとしても、バットマンが存在をやめない限り、次の敵が要請されて現れることになるからだ。

バットマンとは、静的で普遍的で秩序ある体制を作ろうとする衝動であり、ジョーカーはそのような衝動が呼び出す動的で一時的で無秩序な衝動なのである。だから、どちらかの衝動が存在する限り、他方も常に要請されて出現し、終わることがない。それは治療法のない病気に似ている。とすれば、民主主義社会が矛盾を抱えている限り、二人の存在は徴候として要請され続けるということになるわけである。[44]

44——Michael Goodrum, op.cit.

9 師としてのジョーカー

では、この二人の関係は陰と陽のような対等なものなのだろうか？　拮抗しあう二つの力ということになるのだろうか？　一見そう見えるが、ことジョーカーに関してはこの定義付けはあてはまらないかもしれない。

コミック作家のモリソンは、ジョーカーはバットマンの分身ではないと言う。モリソンによれば、通常の場合、バットマンの敵は、必然的にバットマンの暗い分身である。それは、すでに分裂している自我の反映であり、敵もまた自分である以上、その戦いが終わることはないことになる。これに対し、ジョーカーは分身ではなく、バットマンの同時代人なのだとモリソンは語る。つまりバットマン自身ではない。だから、これまでバットマンが永遠に繰り返してきた終わらない二元的対立を、ジョーカーこそが結合可能にしうるのだ、と言っている。[45]

同じことを、ジョーカーはバットマンにとって、経験して越えていかねばならない参入儀式なのだとマーク・P・ウィリアムズは表現している。参入儀式とは、たとえば成人式のように、社会において、ある状態から別の状態へと移行する変容を

45——Mark P. Williams, op.cit.

もたらすために繰り返される儀式のことである。だからバットマンは、ジョーカーと関係をもつことで、バットマンになる方法を学び、そうすることで初めて、敵と形成している果てしない循環という罠から抜け出すことができるというのである。破壊と変容の人格化であり、変化の行使者であるジョーカーが、変化する現実にどう対応すべきかをバットマンに教えるというのである。[46] スウェーデンの大学で映画を研究しているヨハン・ニルソン (Johan Nilsson) はこのことを、ジョーカーはメフィストフェレスなのだと述べる。なぜなら、敵に対して倫理的ジレンマを問いかける存在であり、ある美徳と別の美徳との矛盾、あるいはある悪徳と別の美徳との類似性を問いかけるからである。ジョーカーのテロリズムは政治的主題ではなく、倫理的主題をもつというのである。[47]

これを言い換えて、マイケル・グッドラムは、ジョーカーはバットマンの師なのだと述べる。バットマンという存在は実はきわめて平板であり、不在であるといってもよい。バットマンの顔はほとんどが仮面に覆われており、感情表現できるのは口元だけである。声も単調なうなり声で感情が抑圧されている。これと鮮やかな対象をなすのがジョーカーの巧みな言葉遣いや表現性であり、ダイナミックな語りである。ある意味では、退屈な存在であるバットマンは、ジョーカーの存在でようや

46──Ibid.
47──Johan Nilsson, op.cit.

く華やぎを得ることができるのだともいえる。

ジョーカーは決まり事を破壊し、それが実は「決まり事」でしかなかったのだということをわれわれに教える。世界がつまらないのは、つまらない規則に従っているからだと教えるのである。『ダークナイト』を見ればわかることだが、ジョーカーと関係をもつなかで、徐々にバットマンはジョーカーの色に染められていく。つまり、ジョーカーと似てくるのである。予測不能のジョーカーに染められることによって、バットマンも予測不能になる。かくして彼は、（捕虜とジョーカーの子分が入れ替わっていることを警察に伝える手段がないため、ジョーカーの子分に扮せられている捕虜たちを救うためというエクスキューズはつけうるわけだが）警察官に暴力を振るい、（ゴードンの子供を救うためというエクスキューズがつけうるわけだが）己のルールに反してデント＝トゥーフェイスを殺してしまう。警察もデントも、そもそもは秩序を維持するための自分のパートナーだった存在である。さらに、デントが犯した罪をひきうけて（社会を救うための嘘であり、ほんとうではないとしても）ジョーカーと同列の殺人者の地位にまで堕ちてしまうことになる。こうして、最後にバットマンはジョーカーと同じ場所にたどりつくことになるのである。[48] バットマンのアイデンティティが、ジョーカーによっていかに変容させられたかがよくわかるのではないだろうか。秩

48――Michael Goodrum, op.cit.

序を守る正義の味方から、秩序に背く犯罪者となったのだから。

ジョーカーはデントだけではなく、バットマンをも堕落させた。これまでのバットマンとは違う位相へと移行させた。主人公であった正義の味方を、ただの犯罪者に格下げしてみせたのである。かくして、ジョーカーは、物語の展開すらも予測不可能なものに変えたのだということができる。

10 バットマンのルサンチマン

このようなジョーカーのあり方を、ニーチェに拠りつつ「主人の道徳」であると主張するのがライアン・リットセイである。リットセイによれば、ジョーカーは超人であり、バットマンはルサンチマンの人ということになる。

なぜジョーカーが超人なのか？　超人とは何か？　ニーチェによれば、超人とは克己の目的と、絶えざる変容に向けての力への意志に駆り立てられる存在である。超人は迷わない。超人は疑わない。超人はただ己の道を進む。超人は振り返らない。だから、超人は幸福であり、陽気であり、常に笑っていることができる。それをニーチェは「悦《よろこ》ばしき知」と呼ぶ。そして、超人はもしもう一度人生の全体を、あるいは特別な場面をもう一度生きねばならないとしても、自分がした行為や決意を永遠に受容することができる存在でもある。これを「運命への愛」と呼ぶ。

ジョーカーは、自分の行為によって自分がなすことを定義する。その際に自分の外側にある道徳を参照することはない。つまり、道徳を拠り所として己の行為を振り返ることをしないのである。行為者も自分であり、評価者もあくまで自分だけなのだ。

同様のことを、ミステリー作家のフィリップ・L・シンプソン（Philip L. Simpson）は、その著『サイコパス：現代アメリカ映画と小説の連続殺人鬼を跡づける』において、「フロンティア個人主義（Frontier Individualism）」と呼んでいる。フィクションのなかの殺人鬼たちは、積極的なポストモダニストたちであり、二十世紀半ば以降に広められた、あらゆる認識論的な限界に挑戦するべきだという、政治的お題目を受け入れた存在だというのである。それはリベラルなヒューマニズムにおける「聖なる牛」、すなわち人命を至高の価値とする考え方にすら敢然と挑むということを意味している。つまり、連続殺人鬼とは、「命は地球より重い」という命題を、あえて軽く笑い飛ばそうとする存在だということになる。自らの経験の幅を広げるために、あるいは自らの美学を貫くために、平然と人を殺せる脱―倫理、あるいは非―倫理的な存在が連続殺人鬼だということになる。そのとき彼らは、既存の社会の価値観に従うことなく、自らの価値観で世界を測り、自らの解放、あるいは高次の意味の獲得を得ることを渇望する一種の求道者となる。[49]

これに対して、バットマンはどうだろうか？

バットマンは正義の味方である。これはどういうことだろうか？ バットマンが己を偽っているということではないのだろうか？

バットマンは自分の正体を隠し、健康を害し、体を壊してでも自分より大きな規範に従おうとする。つまり、外界を敵と見なし、そこに正義をもたらそうとする。つまり、バットマンは道徳に従って「悪」を定義付け、道徳に従ってその「悪」と戦う。その意味では、道徳の奴隷であるともいえる。

ニーチェは『道徳の系譜学』において、支配者の道徳は、彼らの行為に沿って作られるが、奴隷の道徳判断は、行動に基づいておらず、下層階級の価値を高めてくれる高次の権力との区別や比較に基づいていると述べている。つまり、支配者は嘘をつかないが、奴隷は嘘をつくということだ。ニーチェによれば、奴隷の道徳では主人の道徳に勝てないので、彼らは嘘をつく。欺きやスパイ行為が必要な手段とな

49――Philip L. Simpson, *Psycho Paths: Tracking the Serial Killer Through Contemporary American Film and Fiction*, Illinois: Southrern Illinois U.P., 2000, pp.12-8.

言葉なのである。

る。たとえば、「公平さ」というのは、奴隷の道徳によって定義され作り出された

バットマンは常に、罪のない者を守るとか、法や秩序を守るといったことを正当化するために行動する。「一つの規則」と呼ばれる不殺の欲望ですら、自分の外にある理想から借りてきたものにすぎない。この客観的で、道徳的な行動規範が（時にはそれを実現するために、その奴隷の道徳に背いた方法を採ったとしても）、彼の行為を正当化することを可能にする。

こうした、自己欺瞞を正当化する人たちを「ルサンチマンの人」と、ニーチェは呼んでいる。バットマンはジョーカーを「悪」と規定して攻撃する。これは、ルサンチマンからくる復讐である。バットマンのそもそもの動機はなんだっただろう。それは、両親の死に対する復讐だったのではないだろうか。彼が復讐したい相手は、本当は敵意に満ちた外界すべてなのである。けれども、そういう自分の本質に向き合うことができないブルース・ウェインは、バットマンという影を作り出し、道徳という仮面をかぶって復讐の代替行為を繰り返しているのである。

このような出口のない迷宮にいるバットマンを救うのが、ジョーカーだと考えるのはどうだろうか？　バットマンが何のために戦っているのかを曖昧にし、警察、

そしてハービー・デントという彼の道徳のための戦いの同志を攻撃させ、最後には殺人犯として追われる身にまで、ジョーカーはバットマンを陥れた。いや、そうではない、ジョーカーという参入儀式にバットマンを呼び込み、バットマンをそのように変容させた。そのように導いたのである。道徳という仮面をかぶっていられないようにし向けたのである。

ジョーカーの作業を引き継いで、それを完成するのが『ダークナイト ライジング』に登場するベインである。ベインは、証券取引所を襲撃して、ウェイン・コーポレーションの株を暴落させ、ウェインを破産させる。バットマンを縛っていた、資本主義社会における支配者としての地位を剥奪する。そして、ベインは文字通りに、バットマンの仮面を割る。もはや、自分と向き合うしかない状態へと追い込むのである。

かくして、バットマンは消え、ブルース・ウェインだけが残された。彼は、バットマンという影を産み出すに至る自分の過去と向き合うことを余儀なくされた。そして、……というのが、おそらく師たるジョーカーが望んでいた、参入儀式を経た後のウェインの姿であった。……はずである。

けれども、残念ながら、物語はそこから始まるはずだったウェインの自己との対話の方向を歪めてしまった。「死の恐怖の克服」という一点に絞ってしまった。つまり、コウモリが象徴する死への恐怖にウェインの問題を限定してしまったのであった。バットマンの出発点となる、両親の殺害と、そこからウェインが抱いた社会への復讐心の問題をスルーしてしまった。だから、復活したバットマンは、結局元の道徳に従う存在に戻ってしまい、最終的には資本主義社会の現状回復をもたらすだけで物語を閉じてしまった。

逆にいえば、物語の要請が（あるいは、ブロックバスターのみを是とするハリウッドの要請が、つまりは資本主義社会の要請が）、バットマンが覚醒することを許さなかったということでもあるだろう。バットマンは、あくまで自己欺瞞のコウモリで居続けなくては、物語が続かないからだ。映画のなかでは破産しても、彼の物語そのものは資本主義社会の所有物のままだったということだ。だから、バットマンはふたたび「社会正義」に奉仕する、ルサンチマンの人とならざるを得ないのである。

せめてもの救いは、バットマンが自らは最前線を降りて、後続のロビンにその役割をゆだねたという結末だろうか。ウェインには、これからゆっくりと自分と向き合う時間が用意されたということである。連れ合いが、ベインと同じ左翼的な志をもつキャットウーマンになるのであれば、彼女がその方向へと彼を誘ってくれる、という可能性も残されているといえる。

ジョーカーは、バットマンにとっての師であり、導き手であった。アセンブラージュによって、あらゆるものを取り込み、自らを変容させ続ける動的（ダイナミック）なジョーカーは、正義の味方という変容のゼロ度に位置していた静的（スタティック）なバットマンを、少なくとも悪漢（ダークナイト）の位置にまでは導いてくれた。その延長線上で、道徳という仮面をかなぐり捨てるバットマンの姿を、だからわれわれは想像してみてもよいはずなのである。

そこには、もうバットマン（どっちつかずのコウモリ男）はいない。親の遺産にしがみついていた、資本主義社会の放蕩息子の姿もない。何もかも失い、己の卑小な行動の動機に気づいた、ブルース・ウェインという名の男がいるだけである。もはや何者でもないがゆえに、幸福（＝超人）たりうる一人の男が。

あとがき

二〇一二年、クリストファー・ノーランによる三部作のラストで、バットマンは（少なくとも象徴的な意味では）死んだ。

けれども、その四年後に、再び彼は蘇り、あろうことかスーパーマンに戦いを挑むことになる。ザック・シュナイダーが監督を務めた『バットマンVSスーパーマン：ジャスティスの誕生』（二〇一六年）という映画において。

筆者は、二〇一七年三月に『スーパーマンの誕生：ＫＫＫ／自警主義／優生学』を上梓した。そこで、二十世紀初頭にいたるまでの、さまざまなアメリカ的価値観がスーパーマンを産み出したことを書いた。そして、本書では、バットマンの抱える内的葛藤が、９・11以後のアメリカ社会の倫理的なあやうさとパラレルなものとして、クリストファー・ノーランの三部作に捉えられているということを書いた。

では、二十世紀初頭に至るまでの価値観で形成されたスーパーマンを、バットマンとともに９・11以後の世界に並置したら何が起こるのか？　そんな思考実験がおこなわれたのが、この映画だったと考えてみるのはいかがだろうか？

この映画の冒頭は、スーパーマンと、同じくクリプトン星出身ながら、惑星改造によって地球人を滅ぼそうとしたゾッド将軍との戦いの場面から始まる。これは、同じくザック・シュナイダーがメガホンをとった、スーパーマンの前作『マン・オブ・スティール』(二〇一三年)のラストの場面である。つまり、二つの映画の世界が連続したものとして描かれているわけである。二人の異星人たちの戦いの結果、スーパーマンはゾッド将軍を倒しはするが、同時に大都市の破壊という惨事をもたらしもする。そのとき破壊されたビルのなかには、ウェイン・コーポレーション傘下のものも含まれていた。自社ビルが、9・11の時のツインタワーさながらに崩壊するのを目撃したブルース・ウェインは、スーパーマンに対する怒りを露わにする。

この映画で描かれるのは、9・11後の、アメリカ社会の意識の変容であると言ってよいように思う。つまり、かつてスーパーマンが信じていたものが、もはや受け入れられない時代となったことが描かれるのだ。

意識の変容を象徴するのはバットマンである。とりわけ、その契機となった両親殺害場面は印象的である。シュナイダー監督のお家芸ともいえるスローモーションで、銃弾が放たれ、母親の真珠のネックレスがばらばらになって雨のように飛び散る情景が描かれる。それは、単に罪なき者が殺され、希望が失われたことの象徴なのではない。ワールド・トレード・センターに衝突する航空機を観たときの、無力感や絶望の再現ともなっている。

ウェインの個人的体験が、アメリカ国民が感じた無力感と重ねあわされているのである。かくして、バットマン＝アメリカ国家は怒りと復讐に駆られ、誤った戦争へと突き進んでいく。

その敵は、アメリカならざる者、異国民、つまり移民への不信というかたちをとる。ここでは、アメリカという国そのものが、移民によって形成されたという過去は意図的に忘却され、かつてはその移民という出自ゆえにアメリカの象徴たりえたはずのスーパーマンは、「違法移民」となる。アメリカはアメリカ人のものでなくてはならず、たとえわずかでも危険をもたらす可能性があるのであれば（＝都市の破壊）、それは脅威として排除すべき対象だということになる。おりしも、映画公開時は、ドナルド・トランプとヒラリー・クリントンの選挙戦が繰り広げられていた時期であった。このころ、トランプの移民排斥論は、特定の層から熱い支持を受けてもいたことを思い出そう。

これに対し、スーパーマンは、古き良きアメリカ的なイデオロギーを背負ったままである。より左翼的、自由主義的、あるいは古典的なアメリカの正義や道徳の体現者のままなのである。彼は状況に即して行動することができず、悪を悪として排除するという「正義」に徹する結果、都市の破壊をもたらしてしまった。結果として、社会から与えられるのは拍手喝采ではなく、非難であり排斥である。それは、変わったのが社会の側だからである。社会の価値観は大きくシフトしたのだ。公共の安全や福祉（＝たとえばオバマケア）よりも自己の利益優先へと。

こうした新旧イデオロギーの対立から漁夫の利を得ようとするのが、大富豪のレックス・ルーサーである。彼は、９・11後に存在感を増した様々な不正行為、たとえば武器売買や軍産複合体、政治的ロビー活動や生物兵器の製造（彼は最終的に、死んだゾッドの細胞から怪物ドゥームズデイを作り出す）などの象徴でもある。

レックスはスーパーマン＝公共の福祉を打ち倒すべく、スーパーマンを弱体化する物質クリプトナイトを入手する。この物質が、一方では怪物ドゥームズデイを倒す兵器として機能しつつも、他方ではバットマンによってこれを撃ち込まれたスーパーマンの死をもたらしもする。

そう、今度はバットマンではなく、スーパーマンが死ぬのである。そして、この結末はきわめて象徴的なものなのではないだろうか？　スーパーマンの死とは、アメリカ的な理想の死を意味するからである。それは高貴な理想の喪失という意味でもあり、経済的なものがすべてを圧倒するという現実の表現でもあるだろう。

ＯＷＳ（ウオール街を占拠せよ）運動が取り戻そうとした、99％の声が、レックス・ルーサーに象徴される１％によって握り潰されたということを意味しているからである。

なんとも後味の悪い解釈になってしまったが、ここにはスーパーマンとバットマンという二人のスーパーヒーローたちの立ち位置の違いが、分かりやすく見てとれるようにも思うのだがいかがだろうか。それは同時に、わたしのこの二冊の書物で描いた世界の対照性も浮かび上がらせてくれているように思う。

遠藤　徹

文　献　目　録

al-Zahahri; "End attaks on Islam," Makka Time, 21, Feb. 2005.

Bellinger, Chalres K.; "The Joker is Satan and so are we: Girard and the Dark Knight," Journal of Religion and Film, vol13. No.1, April 2009.

Brown, Maxwell; *Strain of Violence: historical studies of American violence and vigilantism*, Oxford U.P., 1975.

Cha, Julian; "The Fiendish Plots of Dr. Fu Manchu in the Twenty-First Century: The Yellow Peril in Christopher Nolan's Dark Knight Trilogy," Americana: The Journal of American Popular Culture, spring 2013, vol.12-1.

Dery, Mark; "Culture Jamming: Hacking, Slashing, and Sniping in the Empire of Signs," 1993, 2010, http://markdery.com/?page_id=154

Dipaolo, Marc; *War, Politics and Superheroes: Ethics and Propaganda in Comics and Film*, Mcfarland & Co., Inc. Pub., 2011.

Duddly, Michael; "Batman's Take on 9/11 Politics?" Drop the Fearmongering, AlterNet Movie Mix, City States, 2008. http://www.alternet.org/story/92385/batman's_take_on_9_11_era_politics_drop_the_fearmongering

Feblowitz, Joshua C.; "The Hero We Create: 9/11 and the Reinvention of Batman," Student Pulse: Online Student Academic Journal, vol.1, No.12, 2009.

Gilmer, Jilian; "The Masked Menace: Ideology, "Unbecoming" and the Emergence of the Id Monster in Christopher Nolan's Dark Knight Triligy," Dept. of English, University of Colorado at Boulder, Defended on April3, 2013.

Gray, Richard J. & **Kaklamanidou, Betty** eds.; *The 21st Century Superhero: Essays on Gender, Genre and Globalizarion in Film*, McFarland, 201, kindle edition.

Holmes, Brent; "Why They Wear Mask: The Mouthpiece of Nolan's Batman Trilogy," Kino: The Western University Undergraduate Journal of Film Studies, vol.4-1, 2013.

Ioannidou, Elisavet; "Adapting Superhero Comics for the Big Screen: Subculture for the Masses," Adaptation Advance Access, April 26, 2013, Oxford U.P.

Ip, John; "The Dark Knight's War on Terrorism," Ohio State Journal of Cinema & Law, vol9-1.

Kellner, Douglas; "Meida Spectacle and Domestic Terrorsm: The case of the Batman/Joker Chinema massacre," The Review of Education, Pedagogy and Cultural Studies, 35:157-177, 2013, Routledge, pp.164-5.

———; "9/11, Spectacle of Terror, and Media manipulation: A Critique of Jihadist and Bush Media Politics," Logos 2-1, Winter, 2003.

Lewis, Randolph; "The Dark Knight of American empire," JUMP CUT: A REVIEW OF CONTEMPORARY MEDIA, No.51, spring 2009, http://ejumpcut.org/archive/jc51.2009/DarkKnightBloch/index.html

Peaslee, Robert Moses & Weiner, Robert G. eds.; The Joker: A Serious Study of the Clown Prince of Crime, Jackson; University Press of Mississippi, 2015, kindle edition.

Penner, James; "Spectacular Disruptions: Situationism and the Terrorist Censure in Howard Brenton's Skin Flicker and Magnificence," in SPECTATOR, vol.21-2, spring 2001.

Susan, Faludi; *The Terror Dream: Myth and Misogeny in an Insecure America*, New York: Picador, 2007.

White, Mark D. & Arp, Robert eds.; *Batman and Philosophy: The Dark Knight of the Soul*, The Blackwell Philosophy and Pop Cultture Series, John Wiley & Sons, 2008, kindle edition.

Žižek, Slavoj; "The politics of Batman," in New Statesman, 2012. 8. 23.

著者紹介

遠藤 徹（えんどう・とおる）

1961 年神戸市生まれ。東京大学文学部英米文学科・農学部農業経済学科卒業、早稲田大学大学院文学研究科英文学専攻博士課程満期退学。定時制高校の教師、大学非常勤講師などをへて、同志社大学言語文化研究センター教授。研究テーマはプラスチック、モンスター等多岐にわたり、以下のような評論・研究書を著している。

『溶解論　―不定形のエロス―』『プラスチックの文化史　―可塑性物質の神話学―』（ともに水声社）、**『ポスト・ヒューマン・ボディーズ』**（青弓社）、**『ケミカル・メタモルフォーシス』**（河出書房新社）、**『スーパーマンの誕生　―KKK・自警主義・優生学―』**（新評論）など。

また小説家としても活躍し、「姉飼」で第 10 回日本ホラー小説大賞を受賞、「麝香猫」で第 35 回川端康成文学賞候補となる。主な作品集に以下のものがある。

『姉飼』『壊れた少女を拾ったので』『おがみむし』『戦争大臣』（以上、角川ホラー文庫）、**『ネル』**（早川書房）、**『むかでろりん』**（集英社）、**『贄の王』**（未知谷）など。最新刊は以下のとおり。

『極道ピンポン』

対立するヤクザの組同士が、ドスをラケットに持ち替えて繰り広げる、血で血を洗う抗争＝ラリー！　著者独特の観念の暴走スマッシュと表現の変則スピンが炸裂！

小Ｂ６判並製　240 頁　1,200 円＋税

五月書房新社刊

ISBN978-4-909542-07-6　C0093

『七福神戦争』

学園をしきるスーパー高校生集団たち〈七福神〉に、いろんなジャンルでなぜか破茶滅茶な戦いを挑む美少女転校生。彼女には、〈俺〉にしか見えない角と牙が生えていて……。

小Ｂ６判並製　312 頁　1,300 円＋税

五月書房新社刊

ISBN978-4-909542-08-3 C0093

バットマンの死——ポスト9.11のアメリカ社会とスーパーヒーロー

2018年6月20日　初版第1刷発行

著　者　遠藤　徹
発行者　武市一幸

発行所　株式会社 新評論

〒169-0051　東京都新宿区西早稲田3-16-28
http://www.shinhyoron.co.jp
TEL　03（3202）7391
FAX　03（3202）5832
振替　00160-1-113487

定価はカバーに表示してあります
落丁・乱丁本はお取り替えします

装幀　山田英春
印刷　理想社
製本　中永製本所

ISBN978-4-7948-1090-8
Printed in Japan

新評論　好評既刊書

遠藤徹 著

スーパーマンの誕生

ＫＫＫ・自警主義・優生学

いまやアメリカを象徴するイコンとなったスーパーマン。だがその出自は、ＫＫＫ／自警主義／優生学という一九三〇年代の時代潮流の影響を受けての誕生という禍々しいものだった。そうした暗い出自を跳ねのけて、スーパーマンはいかにしてアメリカの国民的ヒーローになったのか。そこには「フィット（ネス）」＝適合という観念があった——。作家としても研究者としても問題作を放ち続ける著者渾身の一作。

四六判並製
２２４頁
二〇〇〇円＋税
ISBN978-4-7948-1066 C0036

表示価格は本体価格（税抜）です。